com as armas de
és, não ... ca
s tendo, não me
ter para me fa
ião alcançarão; f
o tocar; cordas e
oo amarrar. (...)
ande poder, seja
seguições dos m
u escudo e as su

CB006715

Andarei vestido

rmas de Jorge.

nigos, tendo pés

nãos tendo, não

endo, não me ve

nentos eles poss

erem mal. Arm

orpo não alcan

as se quebrem s

ar; cordas e cor

armado com a
ra que meus ini
ão me alcancem
e peguem; olho
m e nem pensa
n ter para me fa
de fogo o me
rão; facas e lan
o meu corpo to
ntes se arreben

em sem o meu
eus, com a sua
grande poder,
ontra as maldad
los meus inimig
stenda o seu esc
osas armas, defe
ua força e a sua g
los meus inimig
uais e de todas a

rpo amarrar. (...
vina misericórdi
ja meu defenso
s e perseguiçõe
, e que Jorge m
do e as suas pode
dendo-me, com
andeza, do pode
carnais e espiri
suas más influên

Coleção SEGREDOS DE ARUANDA

Tambores de Angola, vol. 1

Aruanda, vol. 2

Corpo fechado, vol. 3

Antes que os tambores toquem, vol. 4

DADOS INTERNACIONAIS DE CATALOGAÇÃO NA PUBLICAÇÃO [CIP]
[CÂMARA BRASILEIRA DO LIVRO | SÃO PAULO | SP | BRASIL]

Voltz, W. (Espírito).
Corpo fechado / pelo espírito; [psicografado por] Robson Pinheiro; orientado por
Ângelo Inácio. – Contagem, MG: Casa dos Espíritos Editora, 2009.

ISBN 978-85-87781-34-5

1. Espiritismo 2. Psicografia 3. Romance brasileiro 4. Umbanda (Culto)
I. Pinheiro, Robson. II. Inácio, Ângelo. III. Título.

09-03425

CDD: 299.672

Índices para catálogo sistemático:
1. Romance mediúnico: Umbanda: 299.672
2. Umbanda: Romance mediúnico: 299.672

CORPO FECHADO

Robson Pinheiro
pelo espírito W. Voltz,
orientado por
Ângelo Inácio

Coleção Segredos de Aruanda, vol. 3

1ª EDIÇÃO | ABRIL DE 2009 | 12 REIMPRESSÕES | 43.000 EXEMPLARES
13ª REIMPRESSÃO | OUTUBRO DE 2022 | 500 EXEMPLARES
14ª REIMPRESSÃO | JUNHO DE 2023 | 1.000 EXEMPLARES
15ª REIMPRESSÃO | MAIO DE 2024 | 1.000 EXEMPLARES
CASA DOS ESPÍRITOS EDITORA, © 2009

Todos os direitos reservados à CASA DOS ESPÍRITOS EDITORA
Av. Álvares Cabral, 982, sala 1101 | Lourdes
Belo Horizonte | MG | 30170-002 | Brasil

Tel.: 55 31 3304 8300
www.casadosespiritos.com.br
editora@casadosespiritos.com.br

TÍTULO	Corpo Fechado
AUTOR	Robson Pinheiro
PREPARAÇÃO DE ORIGINAIS E NOTAS	Leonardo Möller
PROJETO GRÁFICO, EDITORAÇÃO E CAPA	Andrei Polessi
ASSISTÊNCIA DE DESIGN	Monica Raynel
	Fernanda Muniz
REVISÃO	Laura Martins
	Liane Oliveira
IMPRESSÃO E PRÉ-IMPRESSÃO	PlenaPrint
FORMATO	15,5 x 23 cm
NÚMERO DE PÁGINAS	320
ISBN	978-85-87781-34-5

COMPRE EM VEZ DE COPIAR. Cada real que você dá por um livro espírita viabiliza as obras sociais e a divulgação da doutrina, às quais são destinados os direitos autorais; possibilita mais qualidade na publicação de outras obras sobre o assunto; e paga aos livreiros por estocar e levar até você livros para seu crescimento cultural e espiritual. Além disso, contribui para a geração de empregos, impostos e, consequentemente, bem-estar social. Por outro lado, cada real que você dá pela fotocópia ou cópia eletrônica não autorizada de um livro financia um crime e ajuda a matar a produção intelectual.

Os direitos autorais desta obra foram cedidos gratuitamente pelo médium Robson Pinheiro ao Instituto Cultural e Social Everilda Batista — Clínica Holística Joseph Gleber e Aruanda de Pai João —, complexo institucional de ação social e promoção humana, sem fins lucrativos.

As citações cuja fonte não foi especificada são de domínio público. Os trechos bíblicos foram extraídos da *Bíblia Thompson*. São Paulo: Vida, 1990. Edição contemporânea de Almeida.

Sumário

1 Conversa de pai-velho 2 Encosto 3 Desdobramento 4 Autodefesa energética 5 Sessão de descarrego 6 Filha de Iansã 7 Fitoterapia da Aruanda 8 Fundamentos da vida espiritual 9 Remédio amargo 10 Consciência intrusa

Apresentação
pelo espírito Ângelo Inácio

Para os homens de boa vontade, sem preconceitos, para mentes sem fronteiras — é para estes que W. Votlz escreve o texto que chamou de ensaio mediúnico.

Desde 1997 esse espírito está próximo de nossa equipe espiritual, estudando e dedicando-se a compreender os diversos aspectos da mediunidade e sua riqueza de manifestação na cultura espiritual brasileira. Auxiliou-me intensamente na construção de diversos pensamentos, dissertações e influenciou positivamente a minha forma de ver a mediunidade fora do âmbito espírita. Como escritor, mostrou-me como os espíritos, os fantasmas — ou os chamados mortos — já se utilizavam desde há muito tempo de outros médiuns, não religiosos. Aqueles que nem mesmo se davam conta de sua faculdade, como ocorreu consigo. Do lado de cá da vida, a convite de Joseph Gleber e sua equipe, pôde avaliar a imensidade de fenômenos mediúnicos e paranormais que experimentou em sua própria vida. Durante mais de 40 anos, vivenciou-os sem saber que tais fenômenos eram de origem espírita, mesmo porque não lhes eram familiares, quando encarnado, os conceitos espirituais aos quais hoje se dedica com afinco a estudar e aprofundar.

Cativou-se, nesse meio tempo, pela forma simples, sincera e serena do espírito João Cobú, o Pai João, e pediu-me para auxiliá-lo em seu primeiro ensaio mediúnico, um romance ao longo do qual gostaria de testar sua habilidade para escrever através do médium. A afinidade se mostrou de pronto, devido a fatores de um passado recente que já os aproximava, em virtude do pensamento universalista de Voltz e de sua maneira livre e inventiva de abordar os problemas humanos, sociais e científicos, visando a um futuro caminho para uma humanidade sem fronteiras e sem preconceitos.

Do modo como ocorreu comigo mesmo, escritor dos dois lados da vida, ele não pretende trazer ensinamentos nem formar gurus, tampouco doutrinar quem quer que seja. Não aborda temas doutrinários de religião alguma; apenas reporta o que ouviu, o que acompanhou nas conversas de João Cobú ao tratar de certos casos, cujo relato, talvez, traga alguma contribuição para o leitor destituído de espírito cético e preconceituoso.

Este romance é o primeiro de uma série que pretende escrever, mostrando aos homens de boa vontade que a mediunidade e a paranormalidade não são propriedade exclusiva de ninguém e de nenhuma religião em particular. Nem mesmo as interpretações de tais fenômenos são únicas. Ao contrário, são diversas as visões e os ângulos pelos quais se podem ver certas verdades relativas no mundo atual.

Com você, leitor, o amigo João Cobú, na visão humanista de Voltz — escritor, médium e paranormal que retorna, pelas mãos da psicografia, para dedilhar na harpa da mediunidade uma nota, apenas uma nota neste grande concerto da espiritualidade sem fronteiras, sem bandeiras, vista sob o olhar do amor e da fraternidade.

Ângelo Inácio
Belo Horizonte, 4 de abril de 2009.

"Andarei vestido e armado com as armas de Jorge. Para que meus inimigos tenham pés e não me alcancem; mãos tendo, não me peguem; olhos tendo, não me enxerguem e nem pensamentos possam ter para me fazerem mal. Armas de fogo o meu corpo não alcançarão; facas e lanças se quebrem sem meu corpo tocar; cordas e correntes se arrebentem sem o meu corpo amarrar. Porque andarei vestido com as roupas e as armas de Jorge."

Oração de São Jorge

1
Conversa de pai-velho

A tarde se esvaía em meio às últimas claridades do sol enquanto o vendaval marcava o início de uma noite tumultuada, entre relâmpagos e trovoadas. Iansã parecia competir com Xangô no reino de Aruanda; raios e trovões se alternavam enquanto a chuva aumentava vertiginosamente, trazendo preocupações para a comunidade já sofrida, que dependia das bênçãos da natureza para sua sobrevivência. Na cabana de Pai João, os filhos e filhas do devotado pai-velho reuniam-se para ouvir do benfeitor as palavras de sabedoria que lhes definiriam os caminhos da vida espiritual. Estavam numa casa onde se adorava a Deus e se praticava a caridade segundo a orientação dos espíritos do bem.

— Sabem, meus filhos? — principiava o pai-velho, incorporado em seu médium. — O caminho da espiritualidade tem muitas faces interessantes. Nego-velho diria que esse caminho é feito de muitas cores, de muitos aromas, de muitas ervas. Diferentemente das religiões, em que cada uma pretende ser a única forma de agradar a Deus; diferentemente de outros filhos espiritualistas, que também querem acreditar que a sua maneira de buscar o Pai é a mais correta, a espiritualidade em nosso país é feita de diversas culturas, da fusão de muitas raças, crenças e concepções religiosas. Afinal, aqui onde nós trabalhamos respeitam-se as diferenças, porque existem inúmeras nuances e visões acerca da espiritualidade.

— Meu pai — perguntou a Efigênia, trabalhadora da cabana do pai-velho. — Eu não entendo a sua forma de falar a respeito da espiritualidade. Queria entender um pouco da umbanda, já que muita gente fala tanto dessa religião e nós sabemos tão pouco...

— É bom entender, minha filha, que não existe apenas uma maneira de cultuar a umbanda. Também é preciso compreender que umbanda não é apenas uma denominação religiosa; antes de ser assim usada, a palavra sagrada era, acima de tudo, o nome divino da suprema lei do Pai. *Aumbandã* é lei de caridade, é lei divina. De modo mais particularizado é que foi empregado o nome sagrado para designar o culto atual; daí a umbanda nasceu, com a finalidade sagrada de congregar, sob a bandeira de Oxalá, o povo de Deus disperso.

— E há outras umbandas diferentes das que vemos por aí, meu pai?

— Pai-velho compreendeu sua pergunta, meu filho — respondeu de boa vontade o pai-velho para José Benedito, um dos médiuns da casa. — Não é que existam "outras umbandas", como diz meu filho. O que há são diversas formas de praticar os ensinamentos da espiritualidade; nesse caso, também diversas maneiras de cultuar os orixás, de adorar a Deus ou de praticar a umbanda. Acima de tudo, filhos, o que importa mesmo não é a forma externa, mas sim a intenção, o que se faz em nome da lei suprema. Uns cultuam a umbanda misturada a certo conhecimento a respeito dos orixás, com um ritual inusitado, ao menos para vocês. Vestem-se com roupas coloridas, cantam numa língua diferente, familiar a certo número de indivíduos. É também chamada de *língua de santo* ou *do povo do santo*. Na verdade, trata-se de um idioma antigo, dos povos da mãe África. Esse é o culto umbandista conhecido como *omolocô*.

Dando um tempinho para que seus filhos pudessem absorver as coisas que ele explicava, o vovô, incorporado em seu médium, falava mansinho, devagar, com paciência digna de um verdadeiro sábio:

— Existem aqueles filhos que praticam uma umbanda com mais simplicidade, como a que vocês conhecem... Alguns chamam essa variação de *umbanda pés-no-chão*, ou *pés-descalços*. Não importam os nomes dados aos cultos; essencial é que todos trabalhem conforme as regras do coração e de maneira a praticar a suprema lei do bem.

"Outros filhos fazem um culto mais refinado, desprovido dos elementos africanos. Tentam *desafricanizar* a umbanda, no sentido de afastar aquilo que a aproxima dos métodos do candomblé, tais como matança de animais, toque de atabaques e outras características próprias dos rituais de origem africana. Introduziram o estudo entre os médiuns e desenvolveram uma visão mais detalhada a respeito dos orixás e seu simbolismo, formando uma teologia umbandista bastante interessante."

— Mas, meu pai, ainda tem gente que usa atabaque nos terreiros?

— É claro que sim, meu filho — agora o velho dirigiu-se a Antônio de Freitas, outro trabalhador muito dedicado de sua cabana. — Como eu dizia no início, existem muitas maneiras de praticar a umbanda... Não podemos ignorar que, como humanidade, estamos ainda distantes de um estágio em que a visão acerca de espiritualidade e da forma de buscar as coisas do espírito seja única. Devemos respeitar as crenças e os métodos alheios tanto quanto desejamos ver nossos fundamentos respeitados.

— Mas, vovô — assim muitos chamavam o preto-velho. — Para que servem os atabaques que os outros irmãos usam em seu culto e por que não os empregamos em nossa cabana?

— Ah! Meu filho — falou com boa vontade o pai-velho. — É preciso estudar em profundidade os fundamentos por trás do uso de certas ferramentas de trabalho. Nego-velho já falou pra vocês a respeito da força do som em toda a natureza, se lembram? Muitos de meus filhos devem se lembrar da conversa que tivemos outro dia...

— Lembro sim, vovô, mas muita coisa não ficou gravada na minha cabeça. Parece que estou de miolo mole... — essa era Zefa do Malaquias, a mulher que chegara à casa de Pai João com um encosto daqueles. Havia se curado, mas se submetia agora ao cuidado médico. O benfeitor estabeleceu como exigência que ela prosseguisse com o tratamento e acatasse os conselhos de seu médico a fim de poder continuar junto à comunidade.

— Pois então nego-velho vai lembrar um pouco do que já falou pra vocês — sendo interrompido para ouvir outro de seus filhos que levantara a mão, pedindo a oportunidade de se expressar. O pai-velho ouviu serenamente o que tinha a dizer:

— Sabe, meu pai, eu até que me alembrei istrudia do que o sinhô falou pra nóis. Mas óia que eu até tento intendê as coisa, mas a minha cabeça aqui — dizia batendo a ponta do dedo em si — num tá querendo aprendê muita coisa não... Parece que os males da Zefa tão querendo me pegar.

— É preguiça, meu filho — falou o pai-velho, dando gostosa gargalhada. — Preguiça mesmo.

— O que eu gosto mesmo é de fazer os servicinho que o sinhô passa pra nóis...

— Então faz o seguinte, meu filho: que tal você visitar pelo menos uma vez por semana a sinhá Antônia, que ficou sozinha depois da morte do seu marido? Ela está acamada e precisa que alguém limpe a casa dela. Você se compromete a fazer isso?

— Com certeza, meu avozinho, isso eu entendo muito bem. Eu posso muito mermo fazê isso e não é somente uma vêis pro semana, não. Eu vô é mais vêis visitar don'Antônia.

— Aproveite, meu filho, e leve pra ela uns banhos de firmeza que estão guardados ali no outro cômodo... Parece que a interferência do rapaz acabou por ali, pois assim que Pai João falou as últimas palavras, ele saiu correndo, nem sequer esperando para ouvir os ensinamentos do preto-velho.

— Cada um sabe ser útil a sua maneira, não é, meus filhos? — Pai João se dirigiu ao restante de seus filhos, referindo-se com imenso carinho àquele que tinha dificuldades no aprendizado. Depois de suspirar um pouco e ajeitar-se na cadeira, o pai-velho prosseguiu com a tranqüilidade que lhe era característica:

— Como dizia antes, filhos, nego vai lembrar um pouquinho do que disse a respeito do valor e da função do som em nossas vidas. Quando meus filhos pensam alguma coisa, elaboram idéias ou fazem algum planejamento mental, tudo isso tem que se materializar de algum jeito no mundo, não é mesmo?

— Ah! Meu pai, agora me lembro um pouco do que o senhor falou...

— Pois é. Dessa forma, o som é uma das principais formas de materialização do pensamento na realidade objetiva da vida. Quando nosso Senhor Jesus Cristo fez as coisas no mundo, ele foi considerado a palavra viva de Deus. E a palavra divina ou o verbo divino é, para nós, a precipitação do pensamento do Pai. O som tem essa função, de condensar certas energias, certos pensamentos, e fazer com que repercutam nos planos astral, físico e etérico, de acordo com as características e disposições advindas da fonte. Quando vocês provocam um som e esse som obedece a um ritmo, produz-se um efeito que varia conforme a cadência entoada. Isso é válido desde uma cantiga que desperta a saudade a uma música que irrita o pensamento e as emoções de meus filhos.

"O atabaque produz determinado tipo de som. Se for explorado por uma pessoa que entenda da lei do ritmo, da harmonia, e saiba como conduzir esse som de modo a atender a um propósito específico, ele será um bom instrumento. Quando tocado no ritmo de algumas cantigas dos orixás, o som dos atabaques desperta energias primárias em meus filhos, movimentando a força dos chacras localizados na região inferior, abaixo do umbigo."

— Eu já senti uma força quase me dominando, uma vez — interferiu grosseiramente um dos filhos do pai-velho. — Quando fui a um lugar onde tocavam atabaque, senti que minhas pernas pareciam querer se movimentar. Uma coisa parecendo um fogo subia dos meus pés...

— Sei, meu filho — tornou o pai-velho delicadamente, enquanto os outros filhos seus olhavam o colega de soslaio. — O que você sentiu provavelmente foi a vibração que o som do atabaque provocou em você e que repercutiu imediatamente em seu sistema nervoso. Isso não tem qualquer relação com espírito ou fenômenos da mediunidade. Trata-se apenas de uma reação nervosa e emocional que pode muito bem ser dominada por você.

Mais outro levantou a mão entre os presentes, pedindo a palavra:

— E então, Pai João: por que nós não usamos o atabaque em nossos trabalhos?

— Pois é, meu filho. A pergunta é muito interessante. Em nossas atividades não temos necessidade de certas energias e, por conseguinte, de alguns instrumentos usados em outros terreiros. Isso não significa que esses instrumentos não tenham valor. Percebem? Ser útil não é um atributo absoluto, mas relativo ao contexto em que se aplica. Determinado remédio pode ser bom e eficaz, o que não implica seja *adequado* para este ou aquele caso. Em nosso meio, aos poucos temos procurado retirar algumas expressões de religiosidade cuja função, ao menos para nós, se extinguiu.

"Mas veja bem, meu filho. Não fique pensando que quem emprega instrumentos de trabalho diferentes daqueles que usamos esteja errado ou seja atrasado na vida espiritual. É que se ocupam com energias ainda primárias e só conhecem essa forma de interagir com elas. Por outro lado, estamos aprendendo a lidar de outra maneira com tais energias, e é por isso que não temos mais necessidade de instrumentos daquela natureza. De mais a mais, qualquer que seja o instrumento, a eficácia do método depende em larga medida da dedicação, da habilidade e do conhecimento de quem o opera, bem como da resposta mental e emocional das pessoas envolvidas.

"Em resumo, o que nego-velho quer dizer é que não devemos julgar ninguém porque lança mão de vestes, rituais ou instrumentos diferentes; enfim, qualquer item que, em nossa comunidade, julgamos desnecessário. Em matéria de espiritualidade, vale muito mais a intenção e o coração do que as palavras bonitas, a roupagem externa ou mesmo a maneira como se pretende buscar a vida espiritual. A forma não é nada se não há força moral, força vital ou o poder iniciático real e verdadeiro. Mais do que espiritismo, umbanda e espiritualismo — com ênfase nos 'ismos' das religiões — precisamos mesmo é de mais espiritualidade, ou seja, de uma visão mais abrangente das coisas.

"Vejam bem como ocorre com algumas pessoas que usam o método dos passes. Não adianta a pessoa estender as mãos, querer ser magnetizador, se não sabe como funciona o processo e não domina sequer os rudimentos de como manipular as energias que pretende administrar. É preciso estudo constante para aperfeiçoar a forma de servir. Porém, não basta: também é preciso a pessoa ter *axé*, isto é, a força espiritual outorgada pelo Alto.

"Por isso vemos muitos filhos-de-santo ou simplesmente pessoas de boa vontade por aí a fundar terreiros de umbanda ou centros espíritas que, apesar de certo conhecimento adquirido em alguns anos de estudo, não têm força espiritual para solucionar os problemas que naturalmente se apresentam na jornada. Não são dotados daquilo que se convencionou chamar de axé, a força superior para manipular as energias; não são iniciados."

— Mas, meu pai, então todo o mundo tem que fazer uma iniciação para manipular certas forças da natureza?

— Nego-velho não quer dizer da iniciação que se faz nos terreiros, que, em sua grande maioria, não passa de um conjunto de rituais que não transmite a força ou energia necessária para a pessoa converter-se verdadeiramente numa iniciada. Muitos foram submetidos à iniciação num ou noutro culto, mas só possuem aparência de sabedoria; participaram de um monte de ritos que não resolvem o problema de ninguém nem cumprem o objetivo principal, que supostamente seria introduzir o indivíduo no conhecimento de determinadas leis naturais. Nem mesmo a própria pessoa que patrocina a iniciação consegue solucionar seus dramas por meio das práticas recomendadas. Ou seja, quer ajudar o outro, mas não consegue nem ao menos se ajudar.

"Nego-velho refere-se, na verdade, a uma iniciação superior, realizada no plano espiritual, assim como ao conhecimento das leis da natureza adquirido no passado remoto, em experiências de outras vidas, através de anos e anos de dedicação. Para se ter uma idéia dos diferentes níveis de aprofundamento, façamos uma comparação entre o que significava iniciação em sociedades antigas e o que significa na atualidade. Ainda que houvesse variações de cultura para cultura, os ritos serviam apenas para completar, coroar um processo de iniciação; a verdadeira iniciação já havia ocorrido e se processado dos 7 aos 49 anos de idade, período em que o pupilo permanecia internado no colégio de sábios, no pretérito. Portanto, iniciar-se nos mistérios da natureza consistia em estudar, praticar, adestrar faculdades, amadurecer e provar não só o conhecimento, mas a capacidade de administrá-lo.

"Pessoas que passaram por uma verdadeira iniciação, quando encarnadas, trazem um rastro de realizações atrás de si. Não precisam fazer propaganda de seus dons ou de suas pretensas habilidades. Só se pode identificar alguém com tal força e energia superiores por meio das obras que realiza; em torno delas, há uma movimentação que revela a construção de algo maior, em benefício da humanidade. Ao contrário dos rituais pueris e sem maior significado de nosso tempo, a iniciação real não está atrelada a recursos materiais e financeiros nem ao ganho à custa de dores alheias, tampouco se macula com troca de favores e com pagamento por serviços de ordem espiritual. Na presente existência, a maioria dos iniciados verdadeiros jamais passou por rituais exóticos que pretendessem fazer deles pessoas mais poderosas, zeladores de forças da natureza. Refiro-me a uma iniciação constante, progressiva, espiritual, profundamente comprometida com a ética e o crescimento do espírito humano. É algo bem distante das barganhas e fantasias pensadas para festas... Um dia, em longínquas culturas, talvez guardassem algum sentido espiritual, porém hoje não passam de desfiles carnavalescos de que sobressai apenas o cuidado com as coisas da matéria: a profusão de comes e bebes, as roupas vistosas e inusitadas, sem contar a disputa e o jogo sensual ou erótico, elementos que servem somente para mascarar a pobreza espiritual de quem alimenta tais espetáculos de viciação espiritual."

Após breve intervalo para que seus filhos examinassem melhor as idéias por ele ventiladas, o pai-velho continuou, imprimindo novo enfoque à conversa:

— À parte essas coisas, hoje nego-velho quer falar de algo que julga extremamente necessário para meus filhos e irmãos. Diante de tanta gente que vem à procura de auxílio espiritual ou que, em seu desespero, deseja encontrar proteção, nego-velho acha urgente que os filhos entendam um pouco mais a respeito de defesa energética. É preciso caminhar em busca de sua espiritualidade de forma tranqüila e com a certeza de quem sabe lidar com energias contrárias, antagônicas ou mesmo discordantes.

"Meus filhos ficam muito à mercê de ataques energéticos, de fluidos malfazejos ou de outros tipos de energia que acabam por minar suas defesas. Vejo muita gente boa se envergar diante de um ataque de origem energética e, pior: acreditando que tem espírito por trás de seu mal-estar. Outros tombam com suas próprias questões espirituais, íntimas, e não se dão conta de que suas emoções é que estão desajustadas e os fazem vacilar. Alguns reclamam de peso nas costas, dor na coluna, cansaço sem motivo aparente ou incômodos que se manifestam aqui ou ali. Percebo que meus filhos desconhecem questões simples da vida espiritual que poderiam levá-los a significativo ganho na qualidade de vida."

Antônio de Freitas aproveitou uma pausa na fala de Pai João e transformou suas dúvidas em palavras:

— Eu mesmo, meu pai, muitas vezes senti como se

quisesse desistir da minha jornada de espiritualidade. Senti tanto desânimo outro dia que julguei que tudo a minha volta conspirava contra mim e passei a considerar que estava a tal ponto desequilibrado que o melhor a fazer era afastar-me dos trabalhos. Estava convencido de que minha presença prejudicava os demais.

— Pois é, filho — comentou afetuosamente o benfeitor. — Como você, muita gente envolvida com o trabalho espiritual fica remoendo certos pensamentos em sua cabeça, devido muitas vezes a uma insatisfação pessoal. Em vez de se pronunciar, ou procurar ajuda, faz da insatisfação um trampolim para se afastar do grupo em que milita. Esse é um tipo de desgaste de origem mental e emocional que afasta muita gente do trabalho. A pessoa chega a se sentir culpada de algo que não sabe o que é e nem imagina que seu mal-estar é sem consistência. Afasta-se gradativamente do trabalho: primeiro, distancia-se das tarefas mais simples; depois, parece não se enquadrar mais nas idéias que fazem parte da coletividade e são características do agrupamento. É como se estivesse alheia a tudo e a todos. O passo seguinte é achar que os outros a deixaram de lado, não mais se comunicam com ela nem a convidam para as tarefas. Sente-se incomodada com algo que, na verdade, é de sua inteira responsabilidade. Ou

seja, é o indivíduo que está desajustado mentalmente e envolve-se com situações outras, que acabam por ocasionar seu desligamento da tarefa ou
da meta espiritual, permitindo-se assim boicotar
a própria escalada de sucesso espiritual. Para isso
tudo nego-velho tem um nome, que é desequilíbrio
energético e emocional.

— E tem remédio pra isso, meu pai?

— O remédio está na própria natureza, meu filho
— respondeu o pai-velho. — Seja dentro da própria
pessoa ou na natureza em si. O certo é que muita coisa depende de se desenvolver uma postura
mental e emocional sadia. Antes de qualquer coisa, é preciso ver que a fonte do problema está em
si mesmo. Nada de culpar o outros por seu fracasso
espiritual ou pela situação interna que traz incômodos variados.

— A gente pode entender um pouco melhor a respeito de como combater esses males, meu pai? —
tornou a perguntar Antônio de Freitas.

— É preciso agir a tempo, meus filhos, sem delongas. Muita gente *reage* às situações. Alguém toma
uma atitude e, como reação a esse movimento externo, o sujeito caminha como se tivesse desperta-
do de um sono letárgico. Nunca toma a dianteira.
Por isso pai-velho diz que se deve adotar uma atitude proativa, isto é, que envolva ação; é preciso ser o

fator de realização, aquele que gerencia suas escolhas, toma as rédeas de sua vida nas próprias mãos e não apenas tem reações aos atos de outrem.

"Quando você toma a decisão de fazer alguma coisa e a faz, você movimenta energias, e movimentar implica deixar de lado a ociosidade espiritual, emocional ou energética. Equivale a fazer uma faxina em seu interior e limpar tudo de dentro para fora. Esse é o resultado de uma atitude deliberada, de uma ação construtiva. Fazer alguma coisa, e não apenas pedir ajuda ou deixar que outros façam por você."

— Muitos vêm aqui na cabana pedir por um descarrego, Pai João, que a gente reze por eles, ou ainda pedem passes que querem tomar. O que o senhor pensa a respeito?

— É bom pedir ajuda, meu filho. Muitas vezes a gente precisa mesmo é de aprender a gritar por socorro quando não damos conta de carregar, sozinhos, o peso de nossos incômodos. Mas não deve esquecer que, embora a eficácia de certas energias da natureza ou de certos métodos de manipulação energética, esses elementos só serão eficientes quando a pessoa que as recebe estabelecer em si uma atitude de *autodefesa energética* ou *autodefesa psíquica*. Fazer um descarrego com ervas, passes ou outro método qualquer consiste apenas em se tomar emprestadas energias alheias em benefício próprio. Quando tais energias se esgotam, pois que são um empréstimo, volta-se ao estado anterior. Sendo assim, a única maneira de restaurar o equilíbrio é desenvolver nova postura íntima, mental e emocional capaz de gerar em si o estado almejado, preferencialmente enquanto dura o suprimento externo.

"Banhos, defumações, passes ou qualquer outro recurso empregado na defesa de meus filhos só será eficaz caso desenvolvam uma atitude mental e emocional sadia. Não adianta pensar que os espíritos resolvem tudo, porque não resolvem. Não temos resposta para todas as perguntas, nem sequer sabemos solucionar os problemas que vocês mesmos originaram. O máximo que podemos fazer é direcionar meus filhos, mas isso não exime cada um de caminhar com as próprias pernas, com os próprios pés. É vivendo e desenvolvendo uma ação construtiva e ética diante da vida que meus filhos se sentirão ao abrigo de forças inferiores. Rezas fortes nem banhos, ebós nem sacudimentos conduzirão ao objetivo desejado se meus filhos não aprenderem a viver intensamente e com profundo respeito a espiritualidade e os conceitos de defesa psíquica."

Dando novo enfoque a suas palavras, para melhor traduzir seu pensamento de orientador evolutivo daquela comunidade, arrematou:

— Com o tempo, meus filhos — continuou o espírito

milenar que se apresentava na roupagem fluídica de pai-velho —, os homens se libertarão da dependência de muletas psíquicas. Muita gente tem imensa boa vontade em sua expressão de religiosidade, mas ainda se conserva prisioneira de expressões e convicções primárias e dispensáveis no caminho da espiritualidade. Enquanto não atingem um estado de independência espiritual, reclamam elementos mais ou menos educativos, que funcionam como alavancas em sua caminhada evolutiva. Muita gente deixa de estudar e experimentar vivências superiores, libertando-se de crendices, para ficar cativa de suposições pessoais cegas, as quais carecem de comprovação. Outros indivíduos, alguns dotados mesmo de vontade firme, encontram-se presos a crenças impostas por pseudo-sábios e mestres que mantêm fascinada a multidão. Até em certas expressões religiosas louváveis encontramos pessoas prisioneiras dos efeitos quase hipnóticos de cânticos, danças e rituais esdrúxulos, que se apóiam na característica sugestionável de pessoas inseguras ou imaturas para uma vivência espiritual mais ampla.

"Mesmo sabendo disso, nós, os espíritos comprometidos com a libertação desse cativeiro da alma, utilizamos alguns poucos recursos pedagógicos que tenham significado para certas comunidades religiosas, a fim de conduzir o maior número de pessoas a livrar-se de expressões primárias de espiritualidade. Ainda não há como dispensar simbologias e um ou outro elemento que tenha representatividade para os encarnados. No entanto, aos poucos, vamos conduzindo meus filhos para a compreensão maior das leis da vida, na esperança de que, em breve, possam abdicar dos atavismos milenares que impedem vôos mais altos nos céus da vida espiritual."

Com estas palavras, Pai João deu por encerrada a conversa com seus filhos, a fim de poder atender o povo que chegava à tenda para clamar ajuda.

Renovados com as palavras do pai-velho, os trabalhadores daquele recanto se levantaram para dar as mãos aos que sofrem, com maior vontade de servir e com um pouco mais de consciência de suas responsabilidades.

Os trovões e relâmpagos não impediram que a tenda de Pai João ficasse cheia de gente que pedia por socorro espiritual. Aquele era um refúgio seguro, e nem sempre os espíritos atendiam diretamente as pessoas. Muitas vezes, ao emitir uma comunicação, eles davam por encerrada a sessão, deixando os ouvintes refletir sobre o sentido daquilo que se pronunciara. Esse era o melhor remédio que os benfeitores podiam indicar para muita gente.

"Eu tenho o corpo fechado, Xangô é meu protetor, afirma o ponto, meu pai, pai de cabeça chegou..."
Cântico de pais-velhos

2
Encosto

Após uma pausa necessária para os preparativos do ambiente psíquico, o povo foi entrando no salão onde os médiuns atendiam em nome da caridade. Ali os sensitivos eram costumeiramente chamados de *cavalos*, como uma forma alegórica de dizer que o cavaleiro ou condutor são os espíritos e eles, os médiuns, são guiados por aqueles mais competentes, que têm uma visão mais ampla da vida. Como cavalos, seriam conduzidos, embora tivessem movimentos próprios, tal como esses animais. Tinham a liberdade de ir e vir, de atuar, interferir, impedir excessos, sendo responsáveis pelas ações realizadas através de si. Não eram marionetes sem vida, mas obedeciam às intuições conforme o bom senso, a razão. O termo *cavalo* era apenas uma figura simbólica muito utilizada na linguagem cabocla, mas bastante apropriada, considerando-se o tipo de trabalho que era realizado e os costumes locais. Abstraindo-se dos nomes usados aqui e acolá, todos eram médiuns de seus guias, a serviço do amor ao próximo, da caridade.

Este era um aspecto que fazia toda a diferença nas atividades realizadas sob o patrocínio do preto-velho Pai João: nada se cobrava pelas orientações dadas pelos guias espirituais ou pelos serviços prestados pela comunidade. Fazia questão de deixar muito clara a natureza filantrópica e espiritual de suas atividades junto àquele agrupamento.

Em respeitoso silêncio, as pessoas foram se acomodando nos bancos simples do salão, construído em meio a várias árvores e jardins. A simplicidade, no entanto, não significava desleixo. Tudo era muito arrumado. As paredes claras com algumas samambaias e outras plantas faziam a decoração do lugar. À frente da cabana ou do salão de atendimento ao público, uma espécie de altar, onde se via apenas uma cruz simbolizando o compromisso com o Cristo, envolta num ramo de parreira, cujo simbolismo remetia ao espiritismo, às falanges do espírito Verdade. Uma toalha branca alvíssima emoldurava o altar singelo, onde se concentravam as energias dos médiuns e visitantes. Era um condensador energético de grande potência, pois para ali convergiam as vibrações dos médiuns e dos benfeitores como se fosse uma bateria, pronta para ser utilizada a fim de abastecer a corrente mediúnica em suas necessidades magnéticas. Nenhuma imagem de santo nem qualquer outro adereço compunha o quadro, que, de tão simples, passaria despercebido a qualquer um que não fosse informado de suas finalidades. Dali irradiavam energias benfazejas, que eram diariamente renovadas pelos benfeitores daquela comunidade.

Não era um centro espírita, portanto não se poderia esperar que a forma de culto ou de intercâmbio obedecesse ao rigor observado nos centros que chamavam *de mesa* ou nos que seguiam à risca as convenções do movimento espírita. Era uma casa de caridade apenas, um templo em cujas dependências se praticava a lei da caridade conforme os espíritos mais simples ensinavam. Nada mais.

Ouvia-se, desde o salão, um cântico suave, harmonioso, que vinha dos aposentos atrás da mesa-altar ou condensador energético. Era o local onde se reuniam os médiuns, preparando-se para o atendimento ao público. Todos se movimentavam tendo em mente a santidade do lugar, conforme Pai João ensinara. Um a um os médiuns tomavam seu banho de asseio para depois entrar em contato com as energias benéficas da natureza extraídas das plantas. Era o banho de ervas, conforme haviam aprendido.

Afinal, os médiuns vinham todos de suas atividades diárias, de seu trabalho. Segundo o ensinamento recebido dos benfeitores de suas atividades, durante o banho mentalizavam uma limpeza não somente física, mas sobretudo energética. O banho com o perfume das ervas remetia às forças da natureza, de onde tais ervas eram retiradas, de acordo com as instruções dadas previamente pelos pais-velhos. Os médiuns respiravam fundo, faziam uma oração; ao despejar o banho sobre si, reabasteciam-se de fluidos balsâmicos, preparando-se para o atendimento aos consulentes.

Ali, tomava-se precaução quanto às eventuais energias daninhas e discordantes que alguém porventura trouxesse impregnadas em sua aura. Ao exalar o cheiro das ervas do próprio corpo, os médiuns, muitas vezes sem o saber, contribuíam para que o consulente pudesse aspirar o magnetismo primário da natureza. Isso fazia diferença. O perfume natural das substâncias medicamentosas penetrava fundo através do olfato e atingia certas regiões do cérebro, liberando químicos que favoreciam novo estado consciencial. Os próprios médiuns, ao inspirar o perfume e as essências aromáticas, colocavam-se em sintonia com energias balsâmicas.

A higiene física realizada antes dos trabalhos predispunha à higiene mental e emocional, proporcionada pelo contato com a natureza. Conforme Pai João falara para seus filhos certo dia: "Se vocês não convivem tão intensamente com a natureza, meus filhos, vamos trazer a natureza para perto de vocês através das ervas".

Na atualidade ainda há quem conteste a eficácia dessas técnicas; contudo, entre aqueles supostamente mais esclarecidos, esses métodos caboclos são chamados de fitoterapia. Mudam-se os nomes, a nomenclatura, mas o ensinamento e os efeitos são idênticos.

Os médiuns vestiam-se de branco, e as roupas eram feitas de forma simples, sem adereços, colares ou qualquer outro tipo de enfeite. Apenas a roupa, que era preparada especialmente para o trabalho. A adoção desse comportamento ocorria para que os médiuns não precisassem permanecer com suas próprias roupas durante os trabalhos práticos, pois muitas vezes estavam sujas, usadas ou com odores desagradáveis. O frescor e a limpeza dos trajes refletiam o cuidado com o aspecto externo, lembrando da necessidade de preparar-se internamente. A roupa branca, além de revelar um aspecto simbólico que lhe é inerente, transmitindo asseio e leveza, apresentava também a vantagem de ser fácil de lavar e de extrair dela possíveis manchas.

Todos ali cultivavam um sentimento de respeito muito profundo para com o trabalho mediúnico. Algo que, aos poucos, muita gente perdeu. Em alguns locais, os indivíduos penetram em ambientes dedicados ao trabalho espiritual como se adentrassem uma reunião qualquer. Com freqüência, os trabalhadores vêm de suas atividades profissionais e nem sequer têm tempo de passar em casa para a higiene pessoal ou para reabastecer-se energeticamente. Comumente, as roupas impregnadas de poeira ou de outros elementos, como os resíduos da poluição atmosférica, são as mesmas com que adentram os ambientes de seus templos ou casas espíritas e com as quais atendem o público. Não que isso seja errado, mas pode refletir a perda, observada em muitos lugares, do sentido de santidade que envolve o intercâmbio com os benfeitores espirituais e o respeito para com aqueles que são atendidos, de um e outro lado da vida.

Quantos levantam os braços para aplicar os passes curadores, exalando cheiro tão desagradável que se anula o resultado esperado, devido às reações causadas nos consulentes? Em outras ocasiões, a roupa inapropriada do trabalhador desagrada os conceitos mais simples de bom senso e respeito: curtas ou apertadas demais, evidenciando partes, e decotes em excesso, composições esdrúxulas ou simplesmente trajes criados para o lazer, e não para o trabalho.

A fim de evitar situações semelhantes, Pai João definiu entre os seus filhos a adoção de algumas medidas naquele recanto de trabalho. Além do uniforme branco, todos deveriam realizar a higiene física e energética ali, antes do atendimento ao público. Após os banhos de asseio e com as ervas, os médiuns deveriam receber o passe magnético antes de adentrar o salão de atendimento ou as salas de manipulação magnética, local onde eram tratados os casos mais graves de saúde e alguma emergência de natureza espiritual ou energética.

Aquelas não eram regras rígidas, que nunca pudessem ser quebradas. Aliás, Pai João adiantara para seus filhos, os trabalhadores do remanso de paz, que toda regra é para ser quebrada quando necessário, uma vez que imprevistos surgem aqui e acolá. Era necessário pedir a sabedoria do Alto a fim de entender quando e como agir; em que momentos deveriam se apressar ou diminuir o ritmo da caminhada e, ainda, quando precisavam simplesmente parar, a fim de evitar zelo em excesso, o que, em geral, se aproxima perigosamente do fanatismo religioso.

Na hora em que os médiuns penetraram o ambiente onde se encontrava o público, já encontraram um lugar harmonizado. Aroma de ervas muitíssimo discreto exalava não se sabia de onde. Era algo muito sutil, quase imperceptível, não agressivo ao olfato nem a alguma sensibilidade.

Quando as pessoas ingressavam no salão, as precauções energéticas já haviam sido tomadas. A limpeza fluídica do ambiente já se realizara, e as vibrações necessárias à manutenção da harmonia já haviam sido feitas anteriormente. O respeitoso silêncio dos consulentes daquela noite, e de tantas outras, era algo notável. Tinham em mente que o lugar era dedicado ao intercâmbio com os representantes do bem maior, das fraternidades do espaço e consagrado ao contato com os próprios benfeitores. De branco, os médiuns lembravam enfermeiros que, instantes antes, haviam se preparado e se higienizado e então estavam aptos a receber os médicos do Alto, que atenderiam os convidados de Jesus, os necessitados de carinho, de aconchego ou simplesmente de uma palavra amiga.

Música suave e com tons harmoniosos começou a

ser cantada por um dos médiuns, acompanhada pelas notas harmônicas de um violão, dedilhado por alguém que sabia como dar o tom certo a fim de tocar os corações. Era uma cantiga que lembrava o paraíso espiritual; era uma cantiga de Aruanda.

Após a prece de abertura dos trabalhos, um a um os médiuns foram incorporando seus mentores. Pai João assumiu seu médium em conformidade com as práticas daquele recanto de trabalhos fraternos. Em silêncio, os presentes ouviam a mensagem do pai-velho, que abria os trabalhos da noite:

— Deus seja louvado, meus filhos. Estamos aqui nesta noite abençoada para dar uma palavra de conforto aos filhos que vêm em busca de consolo. Nosso objetivo não é solucionar os problemas materiais nem trazer respostas para questões de ordem íntima, vividas por todos. Trabalhamos na tarefa do consolo, do esclarecimento e da cura espiritual. Não viemos substituir a medicina nem os médicos. Nosso trabalho, meus filhos, é auxiliar, amparar de acordo com as necessidades energéticas e espirituais de meus filhos. Vestimos a roupagem do pai-velho para que possamos falar aos simples, de forma simples. Não somos mais escravos, tampouco estamos aqui para satisfazer os desejos de quem quer que seja. Nosso intuito é combater o preconceito, é indicar caminhos na busca da espiritualidade. Se porventura houver algo mais complexo no histórico de vida de meus filhos, faremos de nossa parte o possível para orientar cada um quanto à melhor maneira de se libertar das complicações de origem espiritual ou energética. Mas não pensem que resolveremos seus problemas nem que tenhamos respostas para todas as indagações e dúvidas. Não adivinhamos nada da vida de ninguém nem pretendemos fazer aquilo que cabe somente a vocês. Não trabalhamos por interesses mesquinhos, não fazemos casamento, não arranjamos emprego nem pretendemos curar os males do corpo. Também não lidamos com questões sentimentais ou conjugais.

"Nosso objetivo aqui é de ordem espiritual. Tenham fé em Deus e confiem na força que existe dentro de vocês. Juntos podemos muito, e nessa parceria entre o esforço de cada um e as vibrações divinas é que serão vencedores. Deus seja louvado!"

Após as palavras do preto-velho Pai João, os consulentes foram encaminhados um a um para a conversa fraterna e consoladora com os espíritos que atendiam através de seus médiuns. Perto de cada médium havia outro trabalhador, responsável por transcrever as prescrições e o aconselhamento propriamente dito.

De repente, um dos presentes foi envolvido por uma energia estranha. Primeiro, foi um arrepio que considerou como algo comum, natural, como tantos outros que já sentira. Em seguida, Tony, que visitava a casa pela primeira vez, notou um pensamento estranho imiscuir-se em sua mente, como se fosse tateado por tentáculos invisíveis. Estava ofegante diante da presença de alguém que não podia ver, embora o percebesse de maneira intensa. Já sentira algo assim antes, principalmente quando chegava em casa tarde da noite, após freqüentar alguns ambientes que ele próprio julgava inapropriados. Certo dia, viu-se quase arrancado de seu próprio corpo, como se alguém estivesse empurrando-o ou querendo assumir o controle de sua mente e de seu corpo. Era uma força estranha, uma presença marcante. Em ocasiões como essa, seus braços movimentavam-se de modo involuntário e a cabeça parecia ganhar vida própria. Era como se sua voz se modificasse levemente e ele começasse a pronunciar coisas que não tinha o costume de falar. Depois de tentar os recursos da psicologia, inclusive fazendo regressão de memória, qual não foi sua surpresa quando se ouviu falando com o terapeuta num timbre de voz desconhecido. Não conseguia dominar-se nesses momentos. Foi então que um amigo o conduziu à tenda onde agora se encontrava, para uma entrevista com os espíritos, a fim de que pudesse compreender o que se passava.

Agora Tony estava ali, sentado e aguardando o seu momento de falar com o preto-velho, quando aquilo tudo, aquela sensação estranha, parecia querer eclodir novamente. Tinha medo de si mesmo. Seria essa força um espírito?

Pai João, demonstrando conhecer o que se passava com Tony, interrompeu sua conversa com a consulente que atendia e pediu a um dos trabalhadores que conduzisse o rapaz a um cômodo ao lado. Lá deveria receber um passe, uma transfusão de energias; tal iniciativa serviria para acalmar a entidade e também para revigorar o moço, que sofria visivelmente ao tentar conter o assédio espiritual, embora não conhecesse o bastante a respeito do assunto para obter completo êxito.

Pai João retomou sua conversa com a mulher que lhe pedira auxílio:

— Sabe, minha filha, muitas vezes os filhos de Terra desconhecem certas questões espirituais e não atentam para o fato de que suas atitudes definem o tipo de energia que atraem para si. Tudo é sintonia neste mundo de Deus. É preciso ficar atenta, porque todos vocês estão mergulhados num oceano de energias, com o qual interagem o tempo inteiro. No mundo, estando encarnado ou não, não podemos deixar de pensar que nossas ações, pensamentos e emoções são poderosos instrumentos de elevação ou de queda. Portanto, filha, pense um pouco em como você tem conduzido sua vida; como tem agido ou reagido em face das diversas situações que tem encontrado como desafios. Ao que parece, filha, você tem criado em sua mente os próprios fantasmas que a perseguem e julga que tem coisa-feita, magia ou maleita que alguém imaginário está enviando contra você.

"Nego-velho pede apenas que possa sondar seu interior e procurar em seus pensamentos a própria fonte de tudo o que julga estar lhe atingindo. Minha filha tem gerado energias a partir de sua atitude mental, do tipo de pensamento que está alimentando e das emoções que acompanham tais pensamentos. E é natural que esse padrão específico de imagem mental, oriunda de si própria, atraia emoções e imagens compatíveis, com o mesmo peso ou teor energético. Essa é a magia mental, talvez a mais difícil de ser enfrentada, pois exige da pessoa uma mudança de rota, uma redecisão para modificar completamente o foco de sua atenção e educar as emoções e sentimentos com vistas a melhorar a qualidade da vida íntima."

— Mas, meu pai — falou a consulente. — Eu tenho me sentido dividida entre o que devo fazer e as minhas emoções...

— Você está numa encruzilhada energética, minha

filha — tornou o pai-velho. — É o entroncamento entre razão e emoção. Aí, nesse exato lugar, é que se define a vida de muitos filhos de Terra. Sabem que há algo errado ou que precisam mudar, modificar a rota e estabelecer novo rumo ou nova meta pra suas vidas. Contudo, minha filha, tão-somente saber disso parece não servir de impulso para as realizações. É que as emoções de meus filhos encontram-se comprometidas ou desarmonizadas, e, embora saibam intimamente qual é o caminho, querem que as coisas se modifiquem de acordo com suas emoções, e não o contrário; querem que o mundo se adapte a si, e não o contrário. Desejam que as emoções, freqüentemente desajustadas, estejam acima da razão e sofrem por ver que a realidade não é assim. Ninguém consegue mudar a lei divina, minha filha. Não há como fugir da responsabilidade de ser o próprio semeador de sua felicidade ou infelicidade. Não adianta culpar espíritos, procurar coisa-feita ou mandinga ou mesmo tentar fazer um trabalho para mudar a situação. Somente você poderá fazer o trabalho operoso de modificação. Não há como mudar os sentimentos dos outros nem as emoções alheias.

"Mas existe uma maneira de você se modificar, de investir em suas próprias emoções, usando a razão para definir um estado melhor de vida mental e emocional para si. Não espere o outro mudar, filha; mude você primeiro. Comece em si mesma as mudanças que deseja no outro e verá como sua vida ganhará em qualidade. Tire esse negócio de mandinga, de trabalho feito ou de alguma maleita de sua cabeça; aprenda de uma vez por todas, minha filha: se há qualquer coisa que pode modificar sua vida para melhor ou para pior, essa força parte é de dentro de você. É a sua própria mente que vai definir o tipo ou a qualidade de vida que você terá deste ponto em diante.

"Pai-velho sabe que você está numa encruzilhada vibratória, dividida entre a razão e a emoção. Mas vou lhe dizer, filha. Certo amigo bem mais elevado do que pai-velho disse uma vez que Deus colocou a cabeça acima do coração para que a gente possa pensar primeiro antes de agir. Vamos aprender com esse pensamento e traçar novos rumos para a vida. Não aja por impulso nem baseada nas emoções, porque se arrependerá sempre. Pare de reagir e aja; seja uma pessoa ativa, que toma as decisões baseada num planejamento de sua vida. Não transfira a outros, quer espírito ou encarnado, a direção de sua vida. Você é arquiteta da própria felicidade, minha filha."

Antes que a consulente pudesse falar mais alguma coisa, o pai-velho deu por encerrados seus conselhos e, levantando a mão direita, evocou as forças superiores do bem às quais se vinculava, rogando as bênçãos da misericórdia divina para a vida daquela que o procurava. Com essa atitude, o pai-velho João Cobú ou Pai João de Aruanda deu por encerrada a conversa com a consulente. Ele precisava atender o rapaz que naquele momento recebia o passe na sala ao lado.

Incorporado em seu médium, o preto-velho levantou-se da cadeira e dirigiu-se ao outro aposento, enquanto no salão os demais médiuns atendiam aqueles que procuravam socorro emergencial. Mentalmente, tateara os pensamentos de Tony, o moço que sentia uma ação estranha sobre si. O pai-velho já sabia a forma exata de abordar a questão. Adentrou o ambiente reservado, onde poderia atender o caso fora do olhar atento dos curiosos, respeitando a ética, que resguardaria tanto a pessoa quanto o espírito dos olhares alheios. Ali, em sua tenda, Pai João optara por trabalhar apenas na presença de outros médiuns, sem expor o consulente diante de outras pessoas. Ao chegar ao local onde estava o rapaz, rodeado por quatro trabalhadores da casa de caridade, pôde perceber mais precisamente a dimensão do problema que o moço enfrentava.

A princípio, o rapaz lutava intimamente contra a força que o pressionava, que quase o tornava impermeável aos fluidos transmitidos através dos passes. Quando o pai-velho adentrou o ambiente, aí sim, ele pareceu perder completamente o equilíbrio e cedeu lugar quase imediatamente à entidade que o acompanhava.

No mesmo instante, Pai João pediu a um dos médiuns que se colocasse à disposição para aquilo que na umbanda se denominava *puxada*. O espírito que acompanhava o rapaz seria imantado à aura do médium a fim de ser encaminhado a tratamento. Nada de força, nada de constrangimento.

— Este caso — falou baixinho o preto-velho para os outros médiuns presentes — é o típico caso do *encosto*, conforme dizem meus filhos. Um espírito qualquer se sentiu atraído pela aura do rapaz e, de modo bastante natural, sentiu afinidade com o comportamento dele. O espírito não pretende fazer mal algum; porém, está quase que aprisionado magneticamente à sua aura. Mas não adianta nada separarmos os dois se o moço não modificar a vibração de seus pensamentos e emoções, adquirindo atitudes mais sadias. Vamos ver o que se pode fazer.

O pai-velho induziu um dos médiuns a ficar ao lado do rapaz, que se contorcia e chorava, como se estivesse numa luta intensa.

Do outro lado da situação, a entidade tremia violentamente, quase em espasmos, literalmente grudada à aura do rapaz. Energias sutis eram sugadas pela entidade, que subtraía de Tony fluidos preciosos, porém em grande medida comprometidos pela qualidade das emoções do consulente. Eram fluidos pesados, que pareciam se esvair através dos poros ao mesmo tempo em que eram absorvidos pelo espírito errante.

O médium entrou em sintonia com o pensamento da entidade, e a transferência magnética foi imediata, liberando Tony da influência estranha. O espírito acoplou-se vibratoriamente à aura do médium e começou a se utilizar da sua voz para expressar-se:

— Eu não tenho culpa — falou, quase gaguejando, a entidade através do médium Paulo César. — Fui atraído para perto dele e, a partir daí, não consegui mais me livrar. Estou amarrado a ele.

Sob a orientação do pai-velho, a entidade foi desligada fluidicamente da aura do consulente.

Espíritos amigos aproximaram-se do rapaz, manipulando energias magnéticas com tal intensidade que os laços fluídicos com a entidade foram desfeitos de imediato. Contudo, via-se claramente que fluidos pesados ainda ficaram aderidos ao corpo espiritual de Tony. Parecia uma fuligem, que impregnava a aura do moço, penetrando pelo interior de seu corpo.

— Você está com uma crosta de sujeira energética, meu filho — falou o pai-velho para o rapaz, que recobrava seu domínio mental. — É como se você, durante longo tempo, tivesse se envolvido com ambientes ruins e nocivos a sua saúde espiritual. Elementos de baixíssima vibração impregnaram sua aura. E olha que a culpa não é do obsessor, mas é responsabilidade sua.

O rapaz baixou o rosto sensibilizado e, ao mesmo tempo, envergonhado.

— Sua conduta, filho, é que define o tipo de companhia espiritual que circunda ao seu redor. Não adianta estar vestido de terno e gravata e ter um verniz social, sem uma vivência real de qualidade. Pode até ser que você pense estar escondendo algo de seus amigos ou de alguma pessoa, mas sua vida, na verdade, é um livro aberto. Para nós, espíritos, as atitudes e os comportamentos se transformam em entidades vivas, em energias poderosas, sejam eles bons ou maus. É dessa forma que você atrai outros seres que se apegam a seus vícios e paixões e, de alguma maneira, passam a se alimentar de seus pensamentos mais secretos, espelhando-se em seu comportamento. Nem sempre esses espíritos despreparados querem prejudicá-lo, mas com certeza a qualidade de seus pensamentos e atitudes os excita e atrai. Por sua vez, através do processo de sintonia mental, eles acabam por influenciar você também, embora nem sempre tenham consciência do que lhes ocorre. Tenha cuidado, filho, pois semelhante atrai semelhante.

Depois de algum tempo, oferecido para reflexão de Tony, o pai-velho arrematou:

— Fique mais um pouco por aqui e veja se assimila algum ensinamento para sua alma. Depois, vá entrar em contato com a natureza, respirar ar puro ou simplesmente tomar um banho de ervas de cheiro. Os filhos que trabalham com pai-velho lhe darão as ervas e ensinarão o que fazer com elas.

Do outro lado da vida, espíritos especialistas conduziram a entidade responsável por parte do malestar de Tony a um recanto da natureza. Um dos espíritos socorristas, cuja vestimenta fluídica tinha o aspecto de um caboclo, trouxe recursos extraídos da natureza. Dentro de uma espécie de pote, havia um preparado de diversas ervas, que lançavam no ar um cheiro peculiar, um aroma forte e ao mesmo tempo agradável. O espírito que se afastara do rapaz aspirou o perfume que exalavam, e o que se viu em seguida foram estruturas semelhantes a vapores densos serem expulsas ou exsudarem de seu corpo espiritual. A tal entidade parecia adormecer lentamente, enquanto o aroma das ervas cumpria seu efeito terapêutico, sob a ação do caboclo *juremeiro* — isto é, especialista na força das plantas. Outros espíritos especialistas nesse tipo de auxílio levaram a entidade a um posto de socorro no plano extrafísico, onde certamente obteria mais recursos para recuperar-se e reeducar-se.

O caboclo que agiu sob a orientação de João Cobú era um profundo conhecedor das ervas e de outras terapias naturais. Quando encarnado, fora um estudioso da fitoterapia e desenvolvera amplo conhecimento acerca da homeopatia. Escolhera trabalhar ali devido aos inúmeros casos que ofereciam grande oportunidade de ser útil. A roupagem fluídica de caboclo era referência a uma de suas existências, em que fora um velho cacique numa aldeia da Terra de Santa Cruz. Ali, naquela casa de socorro, desempenhava um papel importante: auxiliava na limpeza energética ou fluídica dos corpos espirituais. Recebia sob sua custódia espíritos sofredores e outros mais, que acompanhavam as pessoas que ali acorriam em busca de ajuda. Enquanto isso, Pai João, incorporado em seu médium, dedicava-se à orientação, à conversa fraterna e a ouvir as pessoas que o procuravam.

Retornando a atenção para a tenda, no salão onde se encontravam diversas pessoas se consultando com os médiuns incorporados — algo nada comum numa casa espírita, mas perfeitamente compreensível dentro da filosofia do culto umbandista, de suas práticas e costumes —, o pai-velho atendia uma pessoa que parecia interessada em conhecer algo mais a respeito dos espíritos e da forma fluídica que adotavam ao se manifestar em outros cultos.

— Venho aqui, Pai João — começou a falar o homem que pedia auxílio em seus estudos —, para entender um pouco como funciona o culto no formato da umbanda. Eu não sou umbandista, mas espírita; portanto, nunca vi nada semelhante ao que ocorre por aqui. Queria sua ajuda para meus estudos, a fim de obter maiores detalhes a respeito das diversas manifestações espirituais em sua tenda.

— Eu entendo, meu filho. Primeiro, louvo a Deus que alguém queira estudar um pouco das manifestações tais como ocorrem em locais ou cultos diferentes do seu, destituído de preconceito. Mas é bom que saiba, meu filho, que por aqui não se pratica a umbanda da forma ortodoxa, como outros irmãos umbandistas a entendem; temos aqui uma espécie de transição em matéria de vivências espirituais. Não posso classificar nosso método como umbanda propriamente dita. Estamos nos esforçando por trazer apontamentos aos trabalhadores desta tenda, de modo a ensinar outros métodos tão eficazes quanto os praticados na umbanda de raiz. Os filhos que aqui trabalham estudam bastante, aprendem diretamente, no campo abençoado do dia-a-dia, como lidar com os problemas de ordem espiritual.

Acredito que estamos, aos poucos, conseguindo liberar meus filhos do misticismo exagerado e de certas fantasias que são fruto de crenças irrefletidas, assim como educá-los para que possam dar um passo além, em termos de espiritualidade.

"Contudo, aqui trabalhamos com caboclos, pais-velhos e outras entidades que preferem essa forma fluídica a fim de cativar aquelas pessoas mais simples ou aqueles que se sentem mais afinados com certos elementos que são familiares a seu conceito de vida espiritual e sua cultura, do ponto de vista reencarnatório. Também optamos por esse formato ou aparência fluídica porque, no plano astral, trabalhamos com espíritos que, durante muito tempo, ficaram presos a crenças bem distorcidas ou mesmo a interpretações equivocadas sobre a vida espiritual. Apresentarmo-nos com o aspecto de pais-velhos ou caboclos geralmente resulta em mais impacto e maior respeito entre esses espíritos, além, é claro, de podermos cativar aqueles mais simples, a quem dedicamos nosso trabalho e nossa atenção."

— Mas não entendo por que vocês são chamados de *pais-velhos*, e não de *irmãos*, como nos centros espíritas...

— Pai, irmão, primo; tanto faz, meu filho. Você mesmo pode escolher o tratamento, como quiser. Os filhos nos chamam de pais-velhos apenas como forma de distinguir aqueles espíritos mais experientes, os responsáveis por sua condução ou orientação espiritual. O termo *pai-velho* significa apenas isto: alguém mais experiente, mais vivido. De todo modo, não se atenha a essas minúcias, filho. Chame-nos como quiser e estaremos próximos, conforme a vontade de Deus, nosso pai.

"Se bem que nego-velho também poderia questionar meu filho sobre o porquê de se referir aos obsessores, de maneira generalizada, como *irmãos* ou *irmãozinhos*, quando na verdade não há nenhuma identidade espiritual entre eles e aqueles que, ao menos em tese, buscam o bem e o amor do Cristo. No mínimo, não se poderia chamar de irmão quem luta contra o estabelecimento do bem sobre a Terra! Acredito que essa acepção da palavra *irmão* seja exclusiva do movimento espírita. Agora, vocês querem que em todo lugar onde se manifestem espíritos o vocabulário empregado seja o mesmo, tomando por base a forma comum a vocês? Isso nego-velho não entende também. Se assim fosse, meu filho, como iríamos encaixotar as mentes de todas as pessoas que trabalham com manifestação mediúnica ao redor do mundo, de maneira que falassem do mesmo jeito, com as mesmas palavras?"

— É, eu não havia pensado nisso...

— Portanto, meu filho, fica a sua inteira escolha chamar um espírito de pai, irmão ou usar um pronome qualquer, sem que nenhuma forma escolhida seja considerada errada. Errado, no entender de nego-velho, é o preconceito arraigado, que se esconde por trás dessa idéia ou questionamento. Pare pra pensar, filho: por que será que o espírito de um pai-velho é rejeitado como se fosse inferior, apenas por se manifestar como um ancião negro? Unicamen-te por causa da aparência fluídica? Será que no pla-no espiritual ou astral existe uma forma correta de manifestação ou uma prescrição a respeito? Onde está escrito que todos os espíritos têm de se mani-festar como brancos? Às vezes tenho a impressão de que muitos acham que a conformação original do espírito é branca... Negro ou indígena seriam formas transitórias, inferiores.

"Por que, na forma espiritual de um negro, um es-pírito não pode ser recebido entre aqueles que pro-clamam a fraternidade e se dizem representantes do Cristo, que nunca fez acepção de pessoa? Nego não consegue entender como em certos locais não se admitem espíritos de negros velhos, mas se ad-mitem de *brancos* velhos — padres, doutores ou o que for —, que levam seus médiuns a falar com voz embargada, quase curvados, adotando evidente as-pecto de ancião, mas, como são médicos, letrados ou católicos — e brancos — são considerados quase anjos, são quase venerados. Caso outro espírito se apresente como negro, envergando um pouco o médium e falando com voz entrecortada, num tom ligeiramente diferente do habitual, logo ele é rotulado como obsessor, espírito inferior, 'apegado a seu passado espiritual', e acaba rejeitado porque se utiliza de um vocabulário mais simples. Engraçado... O espírito não tem de escolher alguma forma para se comunicar? No entanto, nego-velho nunca viu alguém dizer que aparecer com vestes eclesiásticas era sinônimo de apego ao passado, a despeito de todos os horrores patrocinados pela Igreja na história da humanidade.

"Pense nisso, meu filho, e reflita onde está a raiz do problema. Analise se não há uma contradição nessa postura ante os espíritos ou, quem sabe, algo que ainda incomoda meus filhos desde a época da escravidão moderna: o preconceito racial e religioso escondido sob o manto de conceitos espirituais mais sofisticados. Você sabe, os jesuítas também achavam que estavam fazendo um favor ao converter negros e indígenas ao catolicismo, ainda que à custa de ameaça, pois, afinal, estavam salvando-os do inferno! Intolerância, falta de disposição em conviver com o diferente, adotar as próprias convicções como referência — alguns séculos depois, tudo permanece ainda muito forte na alma humana, não é, meu filho?

"Pense mais: por que se podem receber antigos padres, freiras, médicos e orientais, enquanto no mesmo lugar os espíritos dos negros e índios não encontram abertura para trabalhar? Um pouco de pesquisa a respeito do passado do nosso país, meu filho, lhe dirá a respeito do que se passou entre padres, irmãs de caridade e outros tipos que, no passado, abusaram dos negros e indígenas e veneravam pessoas procedentes da Europa e de países do Oriente como representantes de uma cultura mais evoluída. Passado algum tempo, ao se manifestarem em centros espíritas, é natural que ainda tragam resquícios de seu passado através da religiosidade exagerada e do preconceito transferido para a esfera extrafísica."

Dando uma pausa para o homem pensar, Pai João continuou:

— Agora, filho, vocês têm de ficar atentos, pois se padres e irmãs de caridade não conseguiram deter a marcha do espiritismo como desencarnados, cuidado, muito cuidado, pois muitos deles se encontram disfarçados numa roupagem de carne e intentam dominar os centros espíritas com uma catequese castradora dissimulada de espiritualidade.

— Pois é, Pai João, fico pensando em algo semelhante quando avalio o perfil das pessoas que geralmente compõem a diretoria de nossas casas espíritas...

No entanto, deixando de lado minhas preocupações, queria entender melhor a natureza dos espíritos que tradicionalmente se manifestam na umbanda e noutros cultos semelhantes, especialmente quanto à especialidade dos pais-velhos. Como entender o tipo de atividade que realizam no plano astral?

— Quando alguns espíritos se apresentam com aspecto de pais-velhos, isso não implica necessariamente que tenham sido escravos ou negros em sua última existência. Muitos escolhem essa figura humana a fim de estampar em sua vestimenta perispiritual algo que tenha afinidade com a cultura brasileira, com a formação espiritual de nosso povo e, assim, aproximar-se das pessoas simples e atingi-las mais facilmente. A forma exterior que ostentam tais benfeitores pode conter muito mais de simbolismo do que revelar que tenham sido escravos. Querem combater o preconceito e quebrar barreiras raciais, religiosas, sociais.

"Há espíritos que realmente foram negros e desencarnaram em idade avançada, embora nem sempre tivessem conhecimento de questões espirituais. Não se pode ignorar que muitos experimentaram enorme sofrimento e, impotentes, sem ter como se defender, desenvolveram amarga revolta contra seus senhores. Evidentemente, isso também revela que não possuíam a devida maturidade espiritual.

"Por outro lado, posso dizer também que verdadeiros iniciados do passado glorioso de certas civilizações buscaram, no seio da mãe África, o meio de desempenhar seu papel, servindo de referência para os povos que precisavam de orientação, principalmente no momento em que se enchiam os navios negreiros rumo à terra brasileira. Reencarnaram no Congo, em Daomé [atual Benim] e em outras nações da costa ocidental africana, trazendo o conhecimento de suas experiências passadas. Estes, sim, são os verdadeiros *pais-velhos* — em oposição a *pretos-velhos*. Repare que o termo *pai* aqui é empregado com muito acerto, pois ressalta a dilatada experiência de vida que tais espíritos possuem, algo muito bem representado na figura do ancião. Necessariamente possuidores de algum conhecimento iniciático ou espiritual, os pais-velhos são entidades geralmente mais experientes que os demais, inclusive que os *pretos-velhos*. Claro que essa é uma separação didática; no dia-a-dia, ambos os termos são empregados sem distinção: *pai-velho* e *preto-velho*. A rigor, entretanto, há diferença entre eles, conforme expliquei.

"No que diz respeito à forma astral escolhida pelos pais-velhos para se manifestar — não somente em seus médiuns, mas no plano extrafísico também —, ela remete à idéia de humildade, sabedoria, simplicidade e experiência, próprias da maturidade espiritual.

"Iniciados de antigas civilizações e, hoje, na roupagem fluídica de pais-velhos, tais espíritos possuem vasto conhecimento acerca do desmanche de magia negra ou antigoécia, por exemplo. São respeitados entre os representantes das sombras, na subcrosta, e muitos deles, inclusive, são temidos por essas falanges de obsessores. No campo da saúde, conhecem muito sobre os recursos da medicina espiritual e natural, tal como o uso de ervas, que meus filhos atualmente chamam de fitoterapia. Além disso, os pais-velhos dominam o elemento ectoplasma, do qual são hábeis manipuladores. Sabem empregar essa substância a fim de materializar certos medicamentos, utilizados para a cura dos filhos da Terra, sem contar sua extrema habilidade na área do magnetismo.

— Eu não tinha idéia da procedência espiritual, tampouco da especialidade dos chamados pais-velhos.

— Pois é, filho, mas como você veio em busca de conhecimento, Pai João gosta muito disso e aproveita para falar a respeito dessas e de outras coisas importantes. É preciso formar uma idéia mais ampla sobre a diversidade de espíritos que trabalham em nosso planeta.

"Examine, por exemplo, o caso dos caboclos. As entidades espirituais que se manifestam tanto em seus médiuns quanto no plano astral com a vestimenta de caboclo não foram obrigatoriamente índios ou selvagens em sua última encarnação. Muito pelo contrário!

"Grande número dos espíritos que adotam a característica de caboclo tiveram seu caráter firme forjado em templos do passado, principalmente entre as civilizações inca e asteca, entre outras. Tal como ocorre com os pais-velhos, possuem íntima ligação com certas energias da natureza, tanto quanto com a cultura da qual procedem. Em virtude desse fato, preferem estampar a imagem de um índio, de um sertanejo ou de um bandeirante em sua vestimenta espiritual, em sua aparência. Daí se pode entender por que alguns caboclos são recrutados para trabalhar ao lado de grandes luminares da espiritualidade, que foram sábios em sua última existência. Além de tudo isso, a forma astral do caboclo também traz um simbolismo. Representa jovialidade, energia, destemor e valentia, bem como capacidade de transformação e progresso. É a representação do jovem guerreiro, daquele que tem a característica de mudar o panorama, de enfrentar os desafios da existência e modificar as situações menos favoráveis em outras mais nobres.

— Então os caboclos também foram iniciados em outras civilizações, como os pais-velhos?

— Não se pode generalizar, meu filho. Especialmente se considerarmos que, na umbanda e em certos cultos de transição, observa-se uma variedade de seres espirituais a que muitos dão o nome de caboclos.

"Antes de continuar com as explicações, é preciso dizer que este pai-velho está lhe dando apenas um ponto de vista a respeito da variedade de manifestações. O que estou lhe falando não é consenso nem mesmo entre os representantes da umbanda. No entanto, é sob esse ponto de vista que nego-velho quer conduzir seu olhar.

"Assim sendo, dentro da variedade a que me referi, temos os chamados caboclos *índios*. Eles integram imensa legião de trabalhadores, guardiões, baluartes da lei e da ordem, combatentes que são das falanges do mal. Como verdadeiros caças, saem pelo umbral afora em tarefas de defesa e disciplina, temidos que são por muitos espíritos das trevas.

"Na umbanda e em outras expressões de espiritualidade, são comuns outros tipos, tais como os *boiadeiros*. Especialistas em desobsessões, coletivas e individuais, investem contra as bases das sombras e destroem as fortalezas do astral inferior. Dotados de grande magnetismo, são respeitados e temidos pelas entidades do mal, sobretudo pelos marginais ou *quiumbas*, tão comuns em ambientes que oferecem grande perigo aos encarnados."

Após breve intervalo, para que o interlocutor pudesse assimilar o que dizia, Pai João prosseguiu:

— Como já lhe disse, nego-velho está lhe dando uma explicação baseada não na teologia umbandista, mas na realidade cultural mais próxima da que você está habituado, meu filho. Certamente encontrará outros pontos de vista sobre esse assunto entre os representantes da umbanda e do candomblé. Porém, nego-velho, neste momento, não tem por objeto religião e doutrina, mas a *descrição* da realidade espiritual que transcende as interpretações religiosas.

— Entendo, meu pai. Se julgar apropriado conceder mais informações, estou aberto a ouvir e estudar.

— Pois bem, meu filho — retomou Pai João calmamente. — Ainda sobre a forma espiritual adotada por alguns espíritos, alguns caboclos adotam não a forma do índio, mas do marinheiro. De alguém que viveu junto às águas, ao mar, portanto trabalhando com emoções, inclusive por ter vivenciado os tremendos desafios que envolvem a navegação: desde tormentas e fenômenos climáticos até a solidão dos meses e anos singrando pelos mares, longe da família e dos seus. Na umbanda, bem como em alguns candomblés que recebem sua influência, chama-se freqüentemente de *marinheiro* aquele espírito que lidera falanges acostumadas a lidar com o sentimento e as emoções e que atuam no contato com o elemento água — que remete à suavidade e ao amor e auxilia na libertação de vinculações magnéticas. Quando se pretende fazer uma limpeza energética com suavidade, o elemento água é o mais indicado, liberando fortes emoções que anuviem a visão espiritual dos filhos. É lógico concluir que quem teve experiências reencarnatórias junto ao elemento água pode ser bastante eficaz nessa tarefa.

Era muita informação para aquele homem reservado, que não queria se expor perante os presentes. Era ele um representante do espiritismo e, por essa razão, não desejava, ao menos até aquele momento, ser identificado numa tenda onde a manifestação mediúnica ocorria segundo parâmetros diferentes daqueles com os quais se familiarizava. Entendendo isso, o preto-velho vez ou outra dava um tempo para ele refletir e depois de um suspiro, uma pausa, continuava.

— Os chamados *quimbandeiros* constituem outra espécie de caboclo. Sua especialidade é enfrentar os magos negros e seus dirigidos nos campos de batalha do umbral e da subcrosta. Gostam de estar à frente das demandas que ocorrem na esfera astral, muitas vezes nem sequer percebidas pelos médiuns. Como se fossem generais guerreiros, trabalham para a defesa, porém com ênfase em limitar e cercear a ação das trevas, o que, muitas vezes, os leva a afirmar que transitam entre o bem e o mal. Além, é claro, do fato de que conhecem em profundidade as artimanhas dos seres da escuridão.

"Não há dúvida, meu filho, de que nego-velho está procurando usar a linguagem mais espírita possível para que possa entender os diversos perfis e especialidades daqueles seres que trabalham na vibração da umbanda, em suas variadas manifestações e interpretações. Por estarem ligadas à vibração e à atmosfera cultural — e não a rótulos religiosos —, essas mesmas entidades também militam nos centros espíritas, caso encontrem abertura dos médiuns e dirigentes. Ainda que, em certas ocasiões, optemos por nos apresentar em outra roupagem fluídica, conforme seja conveniente ao trabalho e tenhamos condições para tal."

— São tantas informações, meu pai... Simplesmente não imaginei ter à disposição tanto conhecimento novo para estudar e aprofundar minhas observações.

— Ah! Meu filho... Se Allan Kardec tivesse a oportunidade de estudar as manifestações da mediunidade no âmbito da cultura e da religiosidade brasileiras, com seus ricos e diversificados elementos, com certeza ele desbravaria todo um aspecto da vida espiritual. É impossível negar que as manifestações de caráter mediúnico revelam um país que é um celeiro de médiuns, dos mais férteis no aspecto fenomênico. No entanto, nego-velho deve dizer que, ao reverenciar e valorizar características e traços próprios do desenvolvimento histórico e sociocultural do Brasil, não pretende aprovar ou sancionar certas práticas exóticas e abusos que se encontram aos montes por aí. Não é mesmo, meu filho?

Quando o homem se levantou, agradecido pela conversa franca e aberta com o pai-velho, já estava modificado intimamente. Com certeza teria muito para refletir a partir da conversa com o pai-velho João Cobú.

Os trabalhos se encerraram com uma mensagem do benfeitor e a prece final, realizada por um dos trabalhadores. A noite ia alta quando os médiuns retornaram a seus lares para o repouso que antecedia o trabalho profissional, no dia seguinte.

"Entre o fogo e a espada, passarei despercebido e defendido. Entre a faca e o punhal, a bala perdida ou dirigida, serei protegido, sarado e ungido pelo poder da cruz e as forças da luz."
Oração de defesa atribuída a Teresa de Ávila

"Aquele que habita no esconderijo do Altíssimo à sombra do Onipotente descansará. Certamente ele te livrará do laço do passarinheiro, e da peste perniciosa. Não temerás o terror noturno, nem a seta que voa de dia, nem peste que anda na escuridão, nem a praga que destrói ao meio-dia."
Salmo 91:1,3,5-6

3
Desdobramento

Mais tarde naquela mesma noite, viam-se os benfeitores dirigir-se às casas dos trabalhadores da tenda de Pai João. Sob a orientação do espírito amigo que dirigia os trabalhos naquela seara, um a um os médiuns foram desdobrados, conforme necessário às tarefas da noite, e conduzidos a um sítio natural junto a matas e cachoeiras, onde recebiam fluidos benéficos para seu refazimento. Um dos dirigentes espirituais da comunidade recebia pessoalmente os sensitivos ao redor de um lago esculpido em meio a um bosque localizado na esfera extrafísica.

A luz do luar refletia raios revigorantes sobre a natureza física e a astral, inundando a todos com energias salutares. O espírito que atendia pelo nome de Macaia conduziu dois dos trabalhadores para o lago e com eles levitou por sobre a superfície de água brilhante, que refletia o tom prateado do luar. Nenhum dos dois sensitivos guardava lucidez extrafísica de forma plena; assim, após retornar a seus corpos físicos, horas depois, teriam somente vagas lembranças do ocorrido.

Pairando acima do lago, Antônio e Efigênia sentiram medo ao perceber que estavam andando sobre as águas. Os demais companheiros de atividades, de pé nas margens, observavam atentos o que se passava com a dupla.

Macaia levou-os até um local que parecia ser o centro do lago e fez Antônio e Efigênia se deitarem com as cabeças perispirituais voltadas para o norte. O espírito, especialista em magnetismo e no trato com as forças elementais, aspirou profundamente o ar levemente rarefeito e aplicou um passe de sopro em ambos os trabalhadores, que, desdobrados em corpo astral, recebiam os benefícios da transfusão energética. O sopro de Macaia estava impregnado de elementos vitalizantes, pois, a cada vez que ele enchia os pulmões, absorvia do ambiente extrafísico mais e mais propriedades balsâmicas. Os dois médiuns pareciam mergulhados numa onda de fluidos e energias que atuavam diretamente em seu centro de memória, liberando imagens mentais e clichês indesejáveis de seu campo mental.

A uma observação atenta, poderiam ser vistas pequenas bolhas, semelhantes a bolhas de sabão, que se dissipavam mediante o sopro renovador. Eram concentrados de formas-pensamento que os dois trabalhadores haviam absorvido de pessoas atendidas durante os trabalhos de assistência espiritual.

As pessoas que chegavam à tenda em busca de socorro — principalmente se apresentassem quadro emocional mais grave ou complexo — traziam criações mentais e certas concentrações energéticas de baixa vibração, as quais eram transferidas para a aura dos médiuns que os atendiam. De igual maneira, os conteúdos sutis acumulados pelos médiuns costumavam ser absorvidos pelos consulentes, quer estivessem aqueles em transe mediúnico ou não. Em razão disso, durante o sono físico os mentores trabalhavam intensamente, liberando a carga de fluidos indesejáveis e reabastecendo os médiuns com novas e balsâmicas energias, conforme a necessidade de cada um e a capacidade desenvolvida de armazenar fluidos mais ou menos sutis. Não havia milagres, evidentemente.

Depois de algum tempo, Macaia levantou as mãos e colocou-se em oração:

— Supremo Pai e senhor da vida, concede aos teus filhos a oportunidade de se refazer com as energias da criação, com os fluidos benéficos da mãe natureza. Cá estamos como trabalhadores teus, necessitados da proteção espiritual e de forças, a fim de prosseguir com a tarefa que nos foi confiada.

Respirando mais profundamente, prosseguiu:

— Permite, ó Pai, que os elementais, criaturas tuas sob nossa responsabilidade, possam atender ao nosso chamado e vir em socorro daqueles teus filhos que de ti necessitam.

Antes mesmo que terminasse a oração sentida, milhares de seres minúsculos, semelhantes a pirilampos, subiam das águas cristalinas do lago e envolviam não somente os dois médiuns atendidos diretamente por Macaia, mas também os demais, que permaneciam na margem. O fenômeno inspirava elevados pensamentos de gratidão, tão fantástico se mostrava. O psicossoma dos médiuns foi envolvido por cintilações dos elementais, que pareciam sugar os fluidos densos acumulados na aura dos trabalhadores. Uma emanação semelhante a vapor, de coloração acinzentada, exalava levemente de cada corpo perispiritual desdobrado na dimensão extrafísica. Em contrapartida, outro vapor, na verdade uma bruma luminosa subia da superfície do lago e era canalizada pelos elementais para fins terapêuticos. Macaia mantinha os braços elevados, como que a polarizar energias sutilíssimas que se derramavam de mais alto. Os demais médiuns, que ficaram à margem do lago, elevaram-se alguns centímetros no ar e pareciam adormecer um a um, novamente, porém em corpo espiritual. Neste momento, João Cobú aparece rodeado de trabalhadores da Aruanda, advindos das matas que emolduravam o local. Traziam cumbucas cheias de bioplasma e de outros componentes extraídos das plantas, que, sob a orientação do paivelho, ministravam aos médiuns adormecidos.

— Temos de cuidar bem de nossos parceiros — falou João Cobú para um espírito que se mostrava com a aparência de um índio apache. Corpulento, olhar penetrante e irradiando forte magnetismo, o antigo guerreiro conduzia o vasilhame que continha os extratos naturais, para que cada médium pudesse inalar. — Atendemos casos bastante complexos, que vários outros afirmam não se tratar de questões espirituais. Seja como for, as energias densas oriundas de tais processos aderem-se à aura de nossos médiuns e devem ser liberadas a todo custo, de modo que se reabasteçam, visando à continuidade das tarefas que desempenham conosco. Médiuns há que não se importam, nem ao menos se interessam pela higiene energética nem pelos procedimentos de autodefesa psíquica; ignoram que, a fim de ser amparados pelos benfeitores que os assistem, necessariamente devem se colocar em atitude receptiva, de abertura mental. É uma ilusão acreditar que se pode realizar um trabalho intenso, do ponto de vista energético, e permanecer com o próprio campo energético inalterado.

Ao mesmo tempo em que administrava os recursos da natureza aos médiuns que já haviam sido submetidos ao contato benéfico com os elementais da água doce — as ondinas —, o espírito apache acrescentou ao comentário do pai-velho:

— Os elementais são seres singulares e, para muita gente que lida com as questões espirituais e energéticas, ainda envoltos em superstição e mistério; contudo, obedecem a uma vontade superior e estão à disposição para auxiliar na manutenção das energias vitais, tão necessárias aos trabalhos desta ordem. Não entendo por que nossos irmãos não recorrem com maior freqüência a esses seres da natureza, tendo em vista seu próprio bem-estar e o reabastecimento energético.

— Tais seres da natureza — elucidou João Cobú — incorporam em si as substâncias medicamentosas próprias dos sítios naturais aos quais estão relacionados, constituindo-se em expressões da natureza em estado de evolução. Potencializam forças e energias, obedecendo às leis naturais. Não podemos deixar de nos valer deles. Contudo, sua existência permanece ignorada pela maioria das pessoas.

— E quanto à bênção oferecida pelas plantas, pelas águas e por outros recursos encontrados na natureza? Não vejo como desprezar esse manancial colocado pelo Pai à disposição de seus filhos. Todos que lidam com os aspectos espirituais da vida em planos mais densos ou mesmo atendem indivíduos cujas emoções estão conturbadas e em ebulição poderiam ser abastecidos com os fluidos que exalam a cura e equilibram.

— Sim, meu amigo — complementou João Cobú, uma vez mais. — Entretanto, parece que algumas pessoas cheias de pretensa sabedoria ignoram certas propriedades terapêuticas da natureza ou, então, relegam esses meios de amparo e refazimento a segundo plano, como se fossem ferramentas menores, próprias de matutos ou seres inferiores. Talvez justamente por serem elementos simples demais, que estão à disposição de qualquer um... Enfim, continuemos com nossos parceiros, os médiuns. Eles precisam de nós tanto quanto precisamos deles.

Os médiuns desdobrados eram atendidos pelos espíritos do bem. A luz do luar canalizava outras energias também benéficas, para equilibrar os centros de força do corpo espiritual dos médiuns.

Embora estivessem quase todos ali, ainda faltava um, devido ao fato de que estava trabalhando até tarde. Não fora tirado do corpo, como os demais, em respeito ao seu trabalho profissional, que o ocupava num horário diferente. Os espíritos sabiam respeitar o chamado "fuso horário" de cada um. Após o atendimento àquele grupo de trabalhadores desdobrados, um espírito guardião dirigiu-se à casa de Tobias, que enfim se preparava para deitar-se. Como era um homem religioso, recitava uma oração, conforme aprendera de sua velha avó, antiga benzedeira. Acostumado com as palavras decoradas, sua mente respondia à citação conforme ele esperava. Habituou-se àquele tipo de oração e não a pronunciava como se fossem expressões vazias; ao contrário, acreditava naquelas palavras, no significado de cada uma, depositando emoção vigorosa à medida que as declamava, a ponto de fortalecer sua fé. Em virtude da resposta que obtinha de sua própria mente, atingia o efeito desejado com a oração, isto é: a proteção energética.

Dizia Tobias: "Chagas abertas, sagrado coração, todo

amor e bondade. O sangue do meu Senhor Jesus Cristo no corpo meu se derrame hoje e sempre. Eu andarei vestido e armado com as armas de São Jorge. Para que meus inimigos, tendo pés, não me alcancem; tendo mãos, não me peguem; tendo olhos, não me enxerguem e nem pensamentos eles possam ter para me fazerem mal". Respirando profundamente, pronunciou as palavras finais: "Armas de fogo meu corpo não alcançarão, facas e lanças se quebrarão sem ao meu corpo chegar, cordas e correntes se arrebentarão sem o meu corpo amarrar...".

Os guardiões chegaram à casa de Tobias exatamente no instante em que dizia as palavras tidas por ele como sagradas. À proporção que recitava a oração, deitava-se lentamente, deixando seus sentidos em alerta para as percepções do mundo extrafísico. Ferreira, ex-soldado e um dos guardiões responsáveis por Tobias, ao ouvir a reza de seu protegido perguntou ao companheiro de atividade:

— Essa coisa de reza forte funciona mesmo ou é apenas crendice? Você sabe, estou há pouco tempo em contato com este médium e preciso me inteirar de certas coisas...

— Bem, pelo que me ensinaram em alguns cursos que fiz após meu desencarne, pode-se dizer que as rezas funcionam sim, mas de maneira diferente daquela que se divulga por aí. Por exemplo: muita gente reza o Salmo 91, que é uma destas orações consideradas fortes e sagradas por muitos religiosos... E ela faz um efeito interessante de se observar, segundo já presenciei. Quando a pessoa acredita mesmo naquilo que pronuncia, ao longo do tempo, à medida que repete a citação, seu cérebro e sua mente processam as palavras de modo a obedecer àquela espécie de comando, formando algo similar a uma aura em torno de si. Caso os dizeres dessas orações ou rezas de fato estejam calcadas em uma convicção pessoal, em uma crença íntima genuína, então gradativamente passam a agir sobre a mente do indivíduo, que é acionada com a finalidade de erguer um campo de forças, uma aura de proteção a seu redor. É claro que, segundo essa ótica, palavras idênticas não têm o mesmo efeito sobre pessoas diferentes. Portanto...

— Portanto, não é a reza ou oração que tem um poder intrínseco, mas a crença pessoal, a força mental da pessoa que pronuncia a oração e a energia depositada naquele ato.

— Mais ou menos isso, Ferreira. Ocorre que, se porventura a pessoa repetir determinada oração acreditando verdadeiramente no que está realizando, sua mente aos poucos desenvolve a capacidade de arregimentar forças ou energias, que são atraídas para a própria aura. Tais energias têm um efeito cumulativo, ou seja, quanto mais se exercita o pensamento, mais intensamente agirão em torno do sujeito.

— Então posso entender que as orações fortes ou rezas fortes funcionam como um tipo de muleta psíquica para alguns — ou, mais exatamente, um instrumento de que a mente lança mão e que, de acordo com a vontade[1] depositada nesse ato, pode desencadear um processo de autodefesa psíquica. Correto?

— Pelo menos é o que pude perceber em meus estudos. Veja o caso de Tobias — indicou o guardião, sinalizando para o rapaz que se deitava justamen-

---

[1] Há quem possa depreender dessas linhas que se está a recomendar o uso de preces sacramentadas. Não só não é assim, como as passagens demonstram perfeita coerência com o que afirmam os espíritos na codificação do espiritismo: "A forma nada vale, o pensamento é tudo. Ore, pois, cada um segundo suas convicções e da maneira que mais o toque. Um bom pensamento vale mais do que grande número de palavras com as quais nada tenha o coração" (KARDEC, Allan. *O Evangelho segundo o espiritismo*. Rio de Janeiro: FEB, 2002. 120ª ed. luxo, cap. 28, item 1, p. 493). Ora, é justamente o pensamento, a vontade e a fé que são destacados pelos personagens como elementos cruciais. De todo modo, é válido confrontar essa passagem de *O Evangelho segundo o espiritismo* com outro trecho, logo adiante, no mesmo Preâmbulo escrito por Kardec para sua Coletânea de preces espíritas: "O Espiritismo reconhece como boas as preces de todos os cultos, quando ditas de coração e não de lábio somente. *Nenhuma impõe, nem reprova nenhuma*" (Idem, *ibidem*, p. 494 — grifo nosso).

te naquele momento.

A aura de Tobias iluminava-se por inteiro quando pronunciava a chamada oração de São Jorge, que ele acreditava piamente ser uma oração forte.

— Analisemos as palavras da oração feita por Tobias — prosseguiu Simas, o guardião que conversava com Ferreira. — Ao introduzir sua prece: "Chagas abertas, sagrado coração, todo amor e bondade...", e por aí vai, claramente relembra a crucifixão de Jesus. Essas palavras estabelecem ligação mental com o episódio que os cristãos talvez considerem o mais sagrado de todos e, provavelmente, o símbolo por excelência da vitória espiritual. Tobias evoca em seus pensamentos, portanto, a força moral do Cristo e sua misericórdia; pede amparo superior da maneira que sabe pedir e segundo acredita. "Depois ele continua a oração, dizendo: 'Eu andarei vestido e armado com as armas de São Jorge. Para que meus inimigos, tendo pés, não me alcancem; tendo mãos, não me peguem; tendo olhos, não me enxerguem e nem pensamentos eles possam ter para me fazerem mal'. Nesse trecho, o médium define uma postura mental de defesa íntima. Como reafirma dia após dia tais palavras, com todo o seu espírito, elas alimentam uma decisão mental, consciente e portadora de força real, em que ele se vê e se coloca na posição de defesa psíquica. Ou seja, proporciona um estado íntimo de segurança. Na verdade, não são os espíritos malévolos que têm medo da oração, nem são os desastres e acidentes que evitam Tobias, mas é ele quem gera um comando mental de tal intensidade que sua aura se ilumina e ele passa a atrair forças do plano extrafísico capazes de envolvê-lo fortemente e lhe dar segurança. Em matéria de segurança espiritual e energética, o importante é que a pessoa se sinta plenamente segura e tenha atitudes compatíveis e coerentes com aquilo que busca, num nível mais amplo. Em termos psicológicos, possivelmente esse hábito de Tobias pudesse se classificar como redefinição ou reprogramação mental e emocional, a que sua mente responde de modo eficaz."

— A oração então é uma mola propulsora, uma forma de desencadear ações mentais e emocionais para se estabelecer a atitude interna desejada...

— Exatamente! E funcionará contanto que a pessoa progressivamente se reprograme no âmbito mental e emocional, de acordo com as palavras que recita. Talvez se possa fazer um paralelo com o que os psicoterapeutas modernos realizam em seus consultórios utilizando a terapia de vivências passadas, conhecida como TVP. É costume eleger uma frase para o paciente pronunciar durante algum tempo. Ela deve refletir a nova postura mental e emocional que se estabeleceu na reprogramação.

— Uau! Nunca havia visto a questão sob esta ótica!...

— Examine a aura de Tobias após a oração.

Ambos fixaram os olhos nas irradiações coloridas em torno de Tobias, o médium que pretendiam auxiliar e conduzir para experiências fora do corpo. O rapaz parecia uma usina de energias potentes, um gerador. De seu cérebro, onde se concentrava com maior intensidade o foco do corpo mental, raios eram produzidos com tal intensidade que iluminavam completamente o ambiente do quarto do rapaz. Fios tenuíssimos irradiavam de si, tateando o espaço ao redor até se fixarem nos dois guardiões, como imãs, atraindo-os de forma leve e persistente, até o corpo deitado.

— Veja que os raios que partem da aura de Tobias são atraídos automaticamente por nossas auras pessoais — observou Simas. — É como se, através de filamentos elétricos, ele se ligasse a nós, seus guardiões pessoais.

— Ou seja, a partir do estado induzido pela prece, Tobias se conecta mentalmente com quem possa representar um fator de segurança energética para si. Neste caso, somos nós.

— Mas não é somente isso que ocorre. Observe com mais intensidade — disse, com o dedo indicando determinado ponto. — Veja os corpúsculos mentais que são liberados da aura dele.

Os guardiões notaram algo semelhante a uma comunidade imensa de matéria mental desnecessária à manutenção do equilíbrio energético do médium, que era literalmente expulsa de sua aura. Até então, tais corpúsculos mentais gravitavam em torno da aura do sensitivo, aguardando o momento em que se diluiriam em suas glândulas através do fenômeno da repercussão vibratória. No entanto, o estado íntimo no qual se abrigara através da oração estimulou seu corpo mental a produzir anticorpos energéticos ou irradiações magnéticas capazes de liberar de sua aura os elementos daninhos ou nocivos à sua saúde espiritual.

— Antes de qualquer pessoa desejar e verbalizar seu desejo ou sua necessidade de proteção energética e espiritual, é mais sensato e inteligente que produza por si mesma as energias que geram um estado íntimo de segurança ou que inspirem segurança. Só assim, nós, os guardiões, encontraremos elementos para trabalhar suas defesas energéticas, sobretudo no caso dos médiuns.

Explicando seus passos ao amigo Ferreira, o guardião Simas aproximou-se de Tobias, que a esta hora já estava sonolento sobre o leito. Levantou as mãos e aplicou-lhe um passe longitudinal lento, da cabeça aos pés. Executados poucos movimentos, transcorrido tempo mínimo, Tobias já ensaiava sair do corpo, rodopiando em torno de si mesmo.

Embora a sonolência, o sensitivo notou quando as energias magnéticas de Simas o atingiram. Sentiu um formigamento nas extremidades do corpo, que lhe percorreu, gradualmente, todo o organismo. Após o formigamento, Tobias percebeu uma irradiação, que se intensificou à medida que o guardião continuava com os movimentos longitudinais. O médium vibrava intensamente e se sentia como uma corda de violão tangida por hábil instrumentista. Estava em processo de decolagem do corpo e, tão logo se estabelecera suficiente cota de magnetismo em seu organismo perispiritual, subiu ao teto como um balão, para logo depois descer lentamente, até ficar a poucos centímetros do solo.

— Vamos, Tobias, o velho está esperando por você — falou Simas ao médium agora desdobrado.

— Pai João? — perguntou o rapaz.

— Quem mais? Não é ele quem nos orienta as atividades? O nosso amigo João Cobú está com os outros médiuns desdobrados como você, em meio à natureza. Ele espera por nós.

Ferreira, de soslaio, observava o comportamento do médium, como a mirar cada detalhe de suas atitudes fora do corpo.

Enquanto se dirigiam ao sítio natural onde os demais se encontravam, Ferreira, curioso, perguntou ao amigo guardião:

— Será que ele se lembrará de nós dois ou dos eventos que marcam esta noite?

— Por certo se lembrará de alguns detalhes. Depende muito do que João Cobú decidir.

— Quer dizer que as lembranças das ocorrências em nossa dimensão estão subordinadas à vontade de quem coordena as atividades?

— Perfeitamente, Ferreira. O espírito responsável ou o amparador de cada médium é quem define se ele deve ou não guardar certas lembranças. Essa regra é válida para todos os médiuns a serviço do bem maior. Não obstante, em casos particulares, observa-se que o organismo de certos médiuns possui facilidade relativa para registrar ao menos alguma parcela das lembranças do que foi vivenciado do lado de cá.

Após breve pausa, Simas alertou:

— Vamos logo. Afinal, os outros estão apenas nos aguardando a chegada.

Os três planaram sobre o lago onde se reuniam os demais, médiuns e benfeitores. Desceram lentamente perto do pai-velho, que os aguardava.

— Vejo que aproveitaram a tarefa para estudar um pouco — observou João Cobú. — Gostei de ver como estão aprimorando o conhecimento de vocês.

— Ferreira apresentou algumas questões que julguei apropriado esclarecer, compartilhando alguns ensinamentos que tivemos no colégio dos guardiões.

— Isso é muito bom. Compartilhar conhecimentos e experiências entre amigos de trabalho é o princípio da fraternidade universal. Ensaiamos assim a convivência pacífica entre irmãos, inclusive entre aqueles que não pensam de forma igual.

Voltando-se para Tobias, o preto-velho perguntou:

— Então, meu filho, está se sentindo bem? Pronto para o trabalho?

— Sim, meu pai! — respondeu Tobias, dando ênfase às palavras. — Estou à disposição para servir.

Sem delongas, João Cobú convidou Tobias:

— Vamos ao trabalho, então. Temos muito que fazer nesta noite.

— Não vamos realizar os procedimentos de limpeza energética em Tobias, conforme foi feito com os outros? — perguntou Simas.

— Não há necessidade. Tobias, ao deitar-se para dormir, teve uma atitude proativa. Ele se cuidou energeticamente e colocou-se ao abrigo de energias contrárias ou discordantes. Os demais confiaram tanto em nós — Pai João fez questão de emprestar um tom diferente às suas palavras, quase irônico — que não se cuidaram, ou melhor, descuidaram das defesas psíquicas. Esperaram que nós fizéssemos por eles, como realmente fizemos, aquilo que poderiam ter feito por si sós.

— Então perdemos um tempo grande com os procedimentos de limpeza energética que efetuamos nos outros médiuns?

— Não que tenhamos perdido tempo, meu filho, mas é fato que empregamos uma cota de energia nesse procedimento que poderia ter sido aplicada em outras atividades. Nem todos os médiuns têm atitudes que exprimam segurança íntima. Confiam que façamos tudo, e eles mesmos acabam por deixar de lado as obrigações pessoais relacionadas a sua defesa ou imunidade energética. Investe-se grande quantidade de energia a fim de preparar os médiuns para o trabalho ou para liberar certos componentes magnéticos de suas auras. Caso estudassem mais e, além disso, tivessem atitudes mentais que os imunizassem das energias nocivas, aproveitaríamos melhor o magnetismo nosso e o da natureza para atender àqueles necessitados que nos procuram.

Dando por encerrado o comentário, João Cobú reuniu os médiuns, visando conduzir à tarefa programada os que apresentavam condições. No leito, em suas casas, os corpos repousavam — sob a vigilância atenta de sentinelas especialmente destacados para esse fim — enquanto essas experiências eram vividas em conjunto. Porém, cada um, depois de acordar, conservaria apenas parte das memórias em relação ao ocorrido.

João Cobú conduziu alguns médiuns ao lar de Tony, o rapaz que procurara a tenda na última reunião.

Lá chegando, alguns médiuns tiveram dificuldade de penetrar no ambiente devido à densidade energética, incompatível com o estado vibracional de seus corpos perispirituais. João Cobú designou dois guardiões e o médium Tobias para ajudar.

As emanações do pensamento de Tony criaram uma crosta suja em torno do local onde residia. Espessa película envolvia o ambiente extrafísico. Tal era a densidade de materialização que, entre os encarnados desdobrados na dimensão extrafísica ali presentes, apenas Tobias poderia ajudar mais intensamente. João Cobú produzia sons na atmosfera, por meio dos quais arregimentava recursos da natureza nas proximidades. Mediante o comando do pai-velho, Tobias arrancava, com as próprias mãos, a película de matéria mental densa que envolvia a casa do rapaz. Com as duas mãos, num trabalho notadamente braçal, o médium literalmente rasgava a dura camada de sujeira semimaterial que bloqueava o acesso à moradia de Tony. Quase materializados, os guardiões, que vibravam numa freqüência diferente da de alguns espíritos ali reunidos, auxiliavam o médium em sua tarefa.

— Podíamos contar com a ajuda de mais médiuns? — pediu Ferreira a João Cobú e a Macaia, os espíritos que lideravam aquela comitiva e se apresentavam ao grupo de trabalhadores desdobrados como responsáveis por aquela tarefa.

— Somente Tobias detém condições de ajudar mais de perto. Infelizmente, temos que contar só com ele, pois os demais, ainda que amparados por nós, têm a mente dispersa. Embora conduzidos por seus mentores pessoais, neste momento não possuem acuidade mental que lhes permita atuar na matéria extrafísica.

João Cobú abriu caminho entre os médiuns desdobrados e adensou seu perispírito de maneira a conseguir uma espécie de semimaterialização. Tomou a dianteira das tarefas e, ao lado de Tobias, pôs-se a arrancar com as mãos o amálgama denso que fora produzido pelas mentes das pessoas que ali viviam, principalmente por Tony. Depois de algum tempo, conseguiram liberar passagem, formando brechas na compacta estrutura de matéria astral. Os outros médiuns sentiram-se envergonhados por não poder participar do trabalho. Afinal, estavam confusos e não conseguiam concentração suficiente para agir com clareza ou lucidez mental na dimensão extrafísica, ao menos sem receber instruções explícitas, até para as operações mais triviais. Em seguida, o pai-velho voltou a iluminar-se, ficando quase invisível aos olhos dos demais. Adentraram o ambiente como se estivessem a explorar uma caverna natural. Fios tenuíssimos se amontoavam nos cantos dos cômodos da residência. No quarto onde o rapaz repousava, encontraram substâncias quase vivas aderidas às paredes. João Cobú dirigiu-se aos médiuns e guardiões:

— Isto vocês podem fazer. Façam uma faxina na residência. Retirem as criações mentais grudadas nas paredes, que assumiram a forma de larvas. Enquanto isso, Tobias, Macaia e eu veremos o que se pode fazer em benefício do nosso atendido.

Na mesa de cabeceira de Tony havia algumas revistas de conteúdo erótico e alguns gibis. A televisão permanecia ligada enquanto ele dormia. O perispírito do rapaz pairava pouco acima do corpo, envolvido por dois elementos distintos: imagens fugidias e bolhas de estrutura mental, que orbitavam em torno de sua cabeça. Macaia adiantou-se a João Cobú e explicou a Tobias o que se passava:

— Estas bolhas que você vê contêm as formas-pensamento alimentadas por Tony no seu dia-a-dia. São clichês que ele nutre com seus pensamentos mais cotidianos. As outras imagens que gravitam em torno dele são elementos externos, fruto de idéias que compartilha, de emoções complicadas que divide com os amigos que moram com ele neste apartamento. Veja a televisão, Tobias.

Olhando para o aparelho de TV, o médium quase não acreditou. As imagens pareciam sair da tela e adquirir vida própria. Agitavam-se no ambiente quase em câmera lenta, exalando odores e adquirindo independência de movimentos. Como figuras escorregadias, semelhantes a uma ameba gigante, formavam tentáculos em cuja estrutura outras imagens pareciam refletir-se, partindo em direção a Tony, que, desdobrado sobre o próprio corpo, absorvia tudo aquilo mentalmente.

— Veja que ele esqueceu o televisor ligado e, durante o sono, ficou acoplado vibratoriamente àquilo a que assistia. Sua mente oferece os recursos e manipula por si mesma o adensamento vibratório dessas imagens, que por sua vez se encarregam de aglutinar mais e mais energias. Desdobrado, fica prisioneiro dessas criações mentais.

Enquanto o trio analisava o que acontecia com Tony, os outros médiuns e guardiões faziam uma espécie de faxina nos demais cômodos. Era um trabalho quase material, que causava certo cansaço nos poucos médiuns que auxiliavam. Eles lidavam com fluidos grosseiros, semimateriais, que requeriam ações de natureza mais física do que se poderia supor. João Cobú, ao lado de Macaia e Tobias, observava os conteúdos mentais do rapaz que dormia. Depois de alguns minutos auscultando a mente de seu protegido, já sabia o que fazer.

— Vamos queimar as criações mentais que gravitam no ambiente. Mas antes temos de acordar Tony e fazer com que ele desligue o aparelho de televisão, pois as imagens transmitidas servem de clichê para as criações infelizes. Mergulhado nessas formações etéricas e mentais, ele não consegue repouso tranqüilo. Desse modo, acordará tarde amanhã e ainda por cima não se sentirá refeito. O sono não lhe servirá de conforto ou refazimento.

Falando assim, o pai-velho soprou com intensidade o chacra laríngeo do jovem, cuja abertura estava próxima ao pomo de adão, na garganta do moço. Ele engasgou-se com a própria saliva e acordou imediatamente, tossindo muito. Assustado, Tony levantou-se de um salto e percebeu que deixara a TV ligada, dormindo no meio do programa a que assistia. Tobias aproximou-se do rapaz assustado e, dispondo ambas as mãos em torno de sua cabeça, inspirou-lhe:

— Desligue! Desligue a TV...

Tobias utilizou-se de toda a concentração possível, e, como resultado, Tony obedeceu-lhe a sugestão mental quase que instantaneamente. Tony não estava de todo consciente do que fazia, devido ao sono ainda forte que o dominava. Mesmo assim, desligou o aparelho. Aproveitou para beber um pouco de água e logo após dirigiu-se ao leito, adormecendo novamente. As imagens, que haviam ganhado vida temporária, foram gradativamente se diluindo, sobretudo em razão dos movimentos de energia que João Cobú realizava na atmosfera daquele cômodo. Logo após esses preparativos, o pai-velho magnetizou Tony para induzi-lo ao desdobramento em corpo astral. Os passes longitudinais foram aplicados diretamente pelo pai-velho, e logo se pôde notar que Tony-espírito se deslocava pela esquerda do corpo, colocando-se alguns decímetros acima do chão, à frente de João Cobú. Desdobrado, o rapaz não portava a consciência lúcida. Havia considerável confusão mental, o que lhe vedava o reconhecimento dos benfeitores.

Macaia pediu permissão ao pai-velho para magnetizar Tony, e João Cobú, de pronto, acedeu ao pedido com boa vontade. Enquanto o espírito amigo ministrava passes dispersivos — transversais e, depois, longitudinais —, Tobias aproveitou-se da presença de João Cobú para indagar a respeito do magnetismo. O pai-velho respondeu com palavras recheadas de sabedoria:

— Esta atmosfera fluídica em torno de cada ser humano, à qual damos o nome genérico de aura, contém energias que operam mudanças ou transformações benéficas e podem ser impulsionadas pela vontade e dirigidas pelo pensamento, meu filho. Por isso acontece a transferência magnética entre as pessoas.

— Ao transmitir energia por meio dos movimentos das mãos, meu pai, podemos influenciá-la, atribuindo-lhe maior qualidade? — perguntou Tobias, interessado.

Dando uma pausa para que o médium desdobrado pudesse observar o que Macaia fazia, Pai João falou mais pausadamente:

— É claro que sim, meu filho. As qualidades morais do magnetizador podem influenciar e muito a emissão dessas energias, conferindo maior ou menor poder de irradiação e, por conseguinte, de ação no que se refere à saúde da pessoa. Sentimentos ou atitudes como ódio, ciúme, inveja ou orgulho, tanto quanto outros assemelhados, com certeza fazem diminuir a qualidade curativa da energia administrada a qualquer pessoa.

— Então podemos entender que o contrário também é verdadeiro, ou seja, que amor, bondade, compaixão e outras virtudes podem contribuir para aumentar o efeito terapêutico da energia do magnetizador sobre as pessoas?

Dirigindo os olhos a seu pupilo, Pai João esboçou um sorriso e falou:

104

— Que bom que você entendeu, Tobias! Assim pode compreender que ostentar rótulos religiosos, títulos iniciáticos, divinos ou outra coisa qualquer não é o que concede poder ou força magnética, mas sim a capacidade de amar, de viver com ética e ter uma moral elevada...

Enquanto conversavam, Macaia ministrava energias benéficas a Tony, que, desdobrado, permanecia ainda sem lucidez quanto ao que ocorria. A ação dirigida ao perispírito do rapaz fez com que as ligações magnéticas entre ele e os clichês mentais e as formas-pensamento daninhas fossem desfeitas. Os laços fluídicos foram destruídos, liberando o sistema nervoso de Tony da influência negativa de agentes da dimensão extrafísica. Antes que Tobias pudesse comentar mais alguma coisa, João Cobú acrescentou:

— É bom observar que, em casos como esse, a ação de espíritos conscientes e comprometidos com o auxílio à humanidade é um dos principais fatores de sucesso para a maioria dos tratamentos magnéticos. Tobias pôde compreender um pouco mais a respeito da importância de se trabalhar como parceiro de seres mais esclarecidos do plano superior da vida.

— Agora é a sua vez, Tobias — falou Macaia, apontando para uma cadeira ao lado da cama. — Sente-se ali e nos auxilie, doando seus recursos para um choque intenso de energias, que possam revigorar o nosso protegido.

Conforme requisitado, Tobias sentou-se na cadeira e fechou os olhos numa prece sentida. Quem o visse naquele momento provavelmente o teria confundido com um dos mentores responsáveis pelas tarefas da noite. O rapaz concentrou seu pensamento de tal maneira que logrou se conectar com correntes mentais superiores. Intenso fluxo de energias desceu sobre ele, aumentando a luminosidade de sua aura. João Cobú novamente entrou em ação, magnetizando o médium com passes lentos, que despertavam significativa cota de vitalidade. Pouco a pouco, uma substância vaporosa começou a desprender-se do médium, à sua esquerda. Dentro de instantes, essa substância etérica formou, ao lado dele, uma duplicata perfeita do seu corpo astral.

Estávamos diante do duplo etérico de Tobias, que, enquanto desdobrado em projeção extracorpórea, era manipulado pelo pai-velho. O duplo afastava-se alguns centímetros do lado esquerdo de seu psicossoma. Até então, parecia que os dois corpos, o espiritual e o etérico, estavam justapostos. Agora, sob a influência magnética do mentor, o corpo etérico se deslocava para favorecer o atendimento a Tony. Por sua vez, Macaia agia em perfeita sintonia com João Cobú, atuando sobre o rapaz. Conduziu o espírito de Tony, desdobrado, a um ligeiro acoplamento com o duplo de Tobias. Quando ambos se tocaram — corpo astral de um, etérico de outro —, houve uma transferência imediata de vitalidade para o perispírito do rapaz. Tobias sentia como se uma leve corrente elétrica perpassasse seu psicossoma. Um fio tenuíssimo unia ambos os veículos do médium. No momento em que seu duplo travou contato com a aura do jovem desdobrado, o fio prateado iluminou-se rapidamente, como se um raio o atingisse, ou melhor, como se ele próprio, o cordão de prata, fosse um relâmpago coagulado ou congelado por alguns segundos. O fenômeno inspirava respeito e veneração pelas forças superiores da vida, que coordenam todo o processo de evolução no mundo. Era uma visão que dificilmente sairia da retina espiritual do médium.

Após o choque anímico patrocinado e coordenado pelos benfeitores, Tobias abriu os olhos lentamente, como se estivesse emergindo de um sono profundo. Mas não! Ele apenas estava conectado com energias benéficas, em estado de transe, ao se colocar a serviço das forças superiores do bem e da luz, os representantes do Cordeiro de Deus.

— Nossa parte já está feita — declarou João Cobú a seus assistentes Macaia e Tobias, o médium que os auxiliava com suas energias anímicas. — Agora, temos de deixar um dos guardiões de plantão por aqui, a fim de manter a ordem e disciplina no ambiente do lar e inspirar nosso assistido a colaborar com essa diretriz. Devemos induzir Tony a procurar uma orientação emocional, valendo-se do concurso de um terapeuta profissional.

— Ele não pode fazer um tratamento espiritual que o livre de *encostos* ou obsessores? — perguntou Tobias ao mentor.

— Não há dúvida de que o tratamento espiritual será de grande valia para ele; no entanto, de modo algum substitui a orientação de um terapeuta. Nosso amigo precisa redirecionar seus pensamentos e emoções de maneira a criar novos hábitos. Para manter-se em equilíbrio, ele reclama o apoio de alguém especializado. Não pense que o tratamento espiritual elimine a necessidade do devido acompanhamento da medicina terrestre ou de uma abordagem de ordem psicológica. Eles se complementam.

— Temos de considerar também o tipo psicológico de Tony. Na verdade, ele nos procurou em nossa tenda apenas em razão de uma necessidade emergencial. Porém, nosso amigo não tem afinidade com o método de trabalho e a expressão de espiritualidade que nos é própria — acrescentou Macaia, ponderando acerca da possibilidade de encaminhar o tutelado a outras formas de abordagem espiritual.

— Claro, meu amigo — respondeu o pai-velho. — No caso em questão, é evidente que nosso amigo necessita de certos limites e de uma pedagogia mais firme em seu processo reeducativo.

— Então ele será encaminhado ao espiritismo cristão? — perguntou Tobias, interessado no assunto.

— Não, não meu filho — respondeu João Cobú, visivelmente preocupado com o caso de Tony. — O espiritismo é uma religião de liberdade e creio que nosso amigo ainda não está preparado para se conduzir com responsabilidade perante os seus desafios pessoais. No futuro, possivelmente será encaminhado a um centro espírita, no qual lhe serão esclarecidas suas necessidades e possibilidades espirituais. Mas, no momento, creio que o melhor para ele é ser levado a um culto pentecostal, que trabalha com questões de cunho mediúnico indiretamente, de forma adequada à linguagem evangélica. Nossos irmãos pentecostais impõem tantos limites aos desregramentos morais que muita gente necessitada desse aprendizado ali consegue reeducar-se em maior ou menor tempo.

Tobias não entendeu direito a indicação de João Cobú para o caso em questão. Ainda pensava que o rapaz deveria ser conduzido diretamente seja a um centro espírita, seja a uma casa umbandista. Nem sequer imaginava a possibilidade de o rapaz ser intuído a procurar um culto evangélico de caráter pentecostal.

João Cobú notou quanto sua indicação causava estranheza ao médium e resolveu esclarecer:

— Nem sempre as escolas espírita ou umbandista representam o melhor caminho para os meus filhos. Temos de considerar que todas as religiões são apenas escolas iniciáticas com o papel fundamental de oferecer um programa reeducativo aos habitantes do planeta. Nenhuma é melhor do que outra. Apenas devemos considerar que cada pessoa traz um perfil psicológico compatível com este ou aquele método de ensino. Tony reclama um encaminhamento que vise estabelecer limites para os abusos cometidos, e estes poderão gerar lágrimas amargas no futuro. Seu caso exige processos mais intensos, duros até, cuja pedagogia lhe será mais eficaz. Creio que os irmãos pentecostais poderão auxiliálo e muito. Lá, entre os crentes, ele aprenderá conceitos de Evangelho conforme sua capacidade de assimilá-los. Também entre os irmãos do Evangelho nosso pupilo encontrará forte oposição aos vícios que cultiva, assim como um jeito de abordar o problema que não fira suas crenças pessoais.

Dando um tempo para Tobias digerir suas palavras, o pai-velho continuou mais pausadamente:

— No meio evangélico, sobretudo entre os pentecostais, há uma vocação para afastar pessoas das drogas, do exercício sexual sem controle, entre outras questões. Abordam esses problemas com uma força de expressão tão grande que o medo dos fiéis de ir para o inferno ou cair nas mãos do Maligno os impede de cometer tais abusos. Confesso — Pai João deu maior ênfase a suas palavras — que o método só funciona com pessoas em cuja mente haja registros de medo, culpa ou algum clichê de autopunição. Mas funciona, isso não se pode negar. Noutro momento, talvez até em outra encarnação, nosso amigo poderá se esclarecer acerca de outros aspectos, em contato com os ensinamentos espíritas. Por ora, no entanto, seu perfil espiritual indica a necessidade de um tratamento diferente.

Depois da abordagem feita pelo pai-velho a respeito do tratamento de choque do rapaz, Tobias calou-se, evitando tocar no assunto. O momento era para ação.

Pai João aproximou-se de Tony e o reconduziu para bem próximo do corpo físico, que repousava na cama. Ali mesmo, fazendo-o deitar-se poucos centímetros acima do corpo, o pai-velho concentrou-se com o objetivo de perceber, com maior acuidade mental, os pensamentos do rapaz. Inspirou-o a passar perto de uma igreja pentecostal ao final do dia seguinte. Quem sabe não encontraria uma doutrina condizente com sua maneira de pensar e suas crenças pessoais, a fim de encetar sua busca por espiritualidade?

João Cobú orientou os guardiões no que tangia à condução dos médiuns para outras atividades, enquanto ele, Macaia e Tobias se dirigiriam a um templo evangélico à procura de ajuda para o caso.

Em busca de elegância, o local ostentava beleza e rigor nas formas arquitetônicas. Era um templo onde alguns milhares se abrigavam espiritualmente, segundo os ensinamentos da fé pentecostal. A linguagem usada ali era característica do vocabulário evangélico. Quando os três chegaram ao ambiente próximo ao templo, logo encontraram os atalaias, guardiões do plano extrafísico que se incumbiam das defesas energéticas. Pai João foi logo apresentando suas credenciais como enviado e trabalhador a serviço do Cordeiro:

— Deus seja louvado, meus amigos — pronunciou o pai-velho.

— Deus seja louvado, irmão — respondeu um dos atalaias da guarnição espiritual do lugar.

Pai João vestia-se como sempre, com seu terno de uma substância extrafísica semelhante ao linho delicado e finíssimo. O paletó e a gravata refletiam suave luminosidade azul, que se expandia particularmente em torno de sua cabeça, emoldurada por cabelos brancos. A aparência do pai-velho, trajando aquele costume branco, sem dúvida favoreceu para que fosse recepcionado como um pastor ou um dos responsáveis espirituais do lugar. O atalaia aproximou-se respeitoso, sem nem de longe cogitar que o espírito João Cobú trabalhasse de acordo com outra ótica espiritual.

— Preciso falar com um dos responsáveis pelo templo. Em nome do Cordeiro venho pedir ajuda para uma pobre alma que precisa ser encaminhada ao redil do Senhor — assim mesmo falou João Cobú, na linguagem que o sentinela espiritual compreendia.

— Vou anunciá-lo imediatamente, pastor — respondeu o guardião do templo.

— Diga a seu imediato que sou representante do ministério divino junto a outros irmãos, de outro aprisco. Ele compreenderá — declarou com firmeza o pai-velho.

Minutos depois, apresentou-se um espírito envergando um terno de uma alvura impecável, curiosamente muito semelhante ao que João Cobú vestia.

— Deus seja louvado! — falou com alegria o espírito que recebeu o pai-velho. — É você, meu irmão?!

— Pois é, meu amigo, venho em busca de auxílio para uma ovelha desgarrada. — E, mudando o foco da conversa quase bruscamente, o pai-velho perguntou, demonstrando intimidade com o espírito que o recepcionava:

— Diga-me, Gabriel, como andam as coisas por aqui? Tem visitado nossa Aruanda de vez em quando?

— Temos tido muito trabalho, irmão, e já faz mais de duas décadas que me dedico a este posto de socorro sem poder me ausentar um dia sequer. Você sabe, irmão, que trabalhamos com espíritos vândalos, aqueles que vocês lá da Aruanda chamam de quiumbas.

— É verdade, Gabriel — disse o pai-velho. — São os acompanhantes por excelência da maior parte das pessoas que aqui comparece em busca de auxílio.

— Pois é, irmão João — tornou a comentar o espírito. — E olhe que por aqui temos de disfarçar o método de abordar os problemas espirituais. Usamos uma linguagem figurada, pois os freqüentadores do templo ainda estão apegados a conceitos religiosos ultrapassados. Não podemos falar abertamente através dos médiuns-pastores a respeito da vida espiritual.

— Sei disso, amigo. De todo modo, vocês prestam enorme contribuição para retirar muita gente do crime, da prostituição e das drogas. Graças a Deus, do lado de cá da vida, não há separação entre nós, pois servimos ao mesmo Deus e Senhor.

— Mas, diga-me, irmão: a que devo a honra de sua presença no templo esta noite?

— Tenho um caso interessante que venho acompanhando com grande carinho — falou João Cobú. — É um pupilo que precisa muito mais de você e de sua escola de Evangelho do que de meus métodos.

— Fale, irmão...

— Chama-se Tony o rapaz que pretendo trazer para seus domínios. Sei que tem um perfil muito condizente com o trabalho que você realiza neste recanto sublime.

Tão logo expôs o caso a Gabriel, o dirigente espiritual do templo pentecostal, o pai-velho adicionou mais um detalhe, a título de conclusão:

— Trata-se de um rapaz com imensas possibilidades na vida espiritual. No entanto, traz uma característica muito acentuada: é alguém que tem a sexualidade muito exacerbada e precisa ser conduzido de forma a não se perder em meio aos apelos que encontra no mundo.

— Sei bem como conduzir o caso, irmão. Vou providenciar para que seja encaminhado ao templo ainda esta noite, durante o arrebatamento de seu espírito — esta é a expressão evangélica para o fenômeno do desdobramento. — Vamos trabalhar seus conteúdos mentais e emocionais e elaborar nosso plano de auxílio ao rapaz. Há aqui uma irmã que foi arrebatada em espírito e tem necessidades semelhantes às que você relata. Creio que podemos ajudar ambos aproximando-os ainda esta noite e depois, quando em vigília, arranjaremos um meio de se conhecerem pessoalmente no culto.

Depois de detalhar a estratégia de abordagem espiritual para Tony, João Cobú retornou à sua base de serviço, juntamente com Tobias e Macaia, que acompanharam o desfecho do caso com imenso interesse. O sensitivo resolveu guardar para si as inúmeras indagações, entendendo que no momento oportuno João Cobú estaria à disposição para favorecer seu aprendizado. Uma coisa ficou clara para Tobias naquela noite, que saiu a meditar consigo mesmo: "Todos trabalhamos para o mesmo objetivo: o aperfeiçoamento e a educação dos espíritos da Terra. Embora sintonizados com metodologias diferentes e escolas especializadas de acordo com a necessidade espiritual dos diversos filhos do Pai Maior, estamos todos sob a bandeira da paz e da caridade, sob a proteção do Alto. Podemos nem entender direito os caminhos de Deus, mas sabemos que cada um é consolado, atendido e amparado de acordo com sua capacidade de assimilar a lição que está sendo administrada".

"O Senhor é o meu pastor;
nada me faltará. Ainda
que eu andasse pelo vale
da sombra da morte, não
temeria mal algum, porque
tu estás comigo; a tua vara e
o teu cajado me consolam."
Salmo 23:1,4

"Se Deus é por nós, quem
será contra nós?"
Romanos 8:31

4

Autodefesa energética

Geralda descia o morro cansada, mente em ebulição, choramingando seus desencantos com o marido. Morar na favela era um desafio para ela. Não em virtude da favela propriamente dita, tampouco da gente que a habitava, mas por causa do morro mesmo, do relevo acidentado. Geralda tinha sérios problemas de circulação. Suas pernas cansadas e inchadas representavam sempre um peso ao percorrer o morro de cima a baixo ou na hora de sair e buscar a subsistência nos serviços prestados em casa de gente rica. Espremida pela angústia que morava no peito e pelo sapato apertado, descia entre degraus mal-arranjados, becos estreitos e a ladeira de piso irregular, que, àquela altura, parecia querer lhe derrubar a qualquer preço.

Estava chateada com as trapaças do marido e indecisa, insegura quanto ao futuro. Teria algum futuro? Ela olhava a si mesma como num espelho nebuloso e não sabia, na verdade, o que pensar... "Que vai ser da minha vida?". A esperança de mudar para melhor morrera há tempos. Até os pais lhe haviam sido emprestados, como ela própria definia sua situação de filha adotada. Casou-se com um homem apenas para poder garantir a sobrevivência, mas não deu certo. Era ela quem tinha de trabalhar para colocar o alimento em casa.

Geralda era desse jeito. Mulher trabalhadeira, porém crédula e extremamente mística. Acreditava em quase tudo: de cristais, incensos e velas até assombrações e superstições. Ver gato preto ou passar debaixo de escadas? "Deus me livre!". Qualquer coisa era motivo para banhar-se inteirinha nas águas salgadas do mar: ela corria para a praia quando temia que alguém estivesse fazendo algum trabalho contra ela.

Foi assim que, ao descer a favela para mais um dia de labuta na casa da patroa rica, Geralda topou com um despacho no meio do caminho. Um daqueles cheios de vela, farinha, cachaça e dendê. "Ah! O barraco está armado!" — esbravejou alto. Insatisfeita por causa da briga do dia anterior com o marido, Geralda chegou ao trabalho soltando fogo pelas ventas. Sua mente já estava uma tremenda confusão. Em apenas alguns instantes, arranjou briga com a patroa e foi demitida.

— E agora, como vou fazer pra pagar o aluguel do barraco? E a comida?! — falou sozinha, transtornada. Depois de pensar um pouco, descobriu o motivo do seu dissabor. — Já sei, foi aquele despacho que encontrei. Tem coisa-feita nisso! Tem gente maquinando contra mim...

E já se passavam alguns dias quando ainda se via Geralda arrumando oferendas na encruzilhada, fazendo promessas, gastando o que tinha e o que não tinha com as compras de material para seus trabalhos. O problema, como era de se prever, só aumentou! O pouco dinheiro que possuía, gastara na demanda contra quem imaginava ser a autora do despacho. Pois ela supunha, apenas; não havia certeza. Desamparada, brigara com o marido e se viu sem trabalho e sem dinheiro.

Essa foi a situação em que a mulher procurou ajuda na tenda da caridade de Pai João. Era um caso comum, muito comum de se ver no dia-a-dia das pessoas de fé mais simples. A mulher foi se achegando meio desconfiada e com medo de ter de pagar por algum trabalho. Não tinha mais dinheiro, não tinha nem mesmo esperanças. Aliás, ela foi encaminhada para ali justamente pela pessoa que, segundo julgava, fizera feitiço contra ela. A mulher dissera que estava freqüentando um lugar longe, uma tenda onde só se fazia caridade.

Ao chegar, Geralda ouviu algumas cantigas no salão, que lhe faziam chorar de saudades de algum lugar indefinível. Ou seriam saudades de alguém? Enfim, estava ali, sentada, à procura de um altar com muitas imagens de santos, mas nada disso encontrou. Somente uma mesa simples, sobre a qual havia uma cruz adornada com alguns ramos de algo que lhe pareciam folhas de parreira. Ninguém lhe cobrara nada para entrar ali.

Na hora da consulta, pensou que veria os médiuns estremecer, jogar-se no chão, mas nada também. Eles reuniam-se numa sala à parte. Geralda imaginou: "Então é lá que o bicho pega! É ali que a coisa fica preta...".

Nenhuma de suas idéias estranhas se confirmou.

Não havia nada para chamar a atenção.

Entrou no ambiente e logo ouviu um dos médiuns chamá-la, já incorporado. Sentou-se numa cadeira simples em frente ao preto-velho, que olhava para ela com aquele olhar que parecia devassar seus pensamentos e sentimentos.

— Tem feitiço contra mim, meu pai — falou num repente ao pai-velho, que permanecia calado, olhando com seu olhar singelo. — Minha vida está muito ruim e sei que isso é obra de macumbaria. Fiquei sem emprego, meu marido me trai e, depois que encontrei um feitiço feito contra mim, então, é que as coisas ficaram pretas mesmo. Peguei uma urticária que, veja só — mostrou o braço à entidade incorporada —, parece até frieira. Meu pai, o senhor tem de me ajudar. Preciso fazer alguma coisa pra fechar meu corpo. Acho que tem alguém com inveja de mim...

Deixando a mulher falar e desabafar, o pai-velho olhava com carinho aquela que para ali fora conduzida a fim de pedir ajuda. Afinal, ela precisava se desafogar com alguém.

Depois de algum tempo, a entidade incorporada falou pausadamente:

— Minha filha, se sua vida está assim do jeito que você conta, nego-velho pergunta, então: como é que alguém em sã consciência pode invejar você do jeito que está? Se é inveja, minha filha, a pessoa tem inveja de quê? Das suas dificuldades? Das suas lutas? Pense bem e veja se não é você quem está se enfeitiçando a cada dia com seus pensamentos e suas atitudes.

Respirando pausadamente, o pai-velho continuou:

— Você falou de sua insatisfação com a vida, com seu casamento e com a falta de trabalho. Você acha, filha, que realmente são as outras pessoas que estão fazendo algo contra você ou é você mesma quem está boicotando sua vida? Minha filha casou-se sem amor nem afeto, apenas para garantir a comida e a sobrevivência; não pensou antes e engravidou sem perceber que essa atitude foi o passo em falso que lhe jogou de encontro a alguém que não tem afinidade com sua alma. Queria ganhar e saiu perdendo. Perdeu a paz, perdeu a razão e a chance de ser mais feliz ou tão feliz quanto poderia ser. É hora de avaliar sua caminhada, minha filha. Ainda é tempo de ser feliz.

— Mas, meu pai, como posso ser feliz com tanta conta pra pagar, com o marido e eu desempregados e meus filhos sem ir à escola?

— Volta no tempo, minha filha, e veja o que pode estar errado em sua caminhada. Você precisa refazer sua vida, seus planos, sua forma de agir. Caso repita os erros e atitudes de antes, então o resultado será também o mesmo! Insatisfação e infelicidade. É preciso ter coragem para mudar. Quanto a fechar seu corpo, minha filha é aquilo que estudantes da alma humana chamam de personalidade esponja. Essa característica faz com que a filha absorva energias discordantes e emoções de toda espécie.

Antes que o pai-velho pudesse concluir seu pensamento, a mulher interferiu bruscamente:

— O senhor nem parece preto-velho falando assim! Até parece que é branco e inteligente...

Com sorriso nos lábios e compreensão no coração, o espírito retomou sua fala sem se queixar da maneira como a pobre mulher se expressava, num flagrante preconceito.

— Pois é, filha. Como nego-velho falava, você precisa rever suas emoções e deixar de sofrer e de se considerar coitadinha. Pretender ter o corpo fechado contra mau-olhado, coisa-feita, feitiçaria ou macumbaria é algo que merece ser revisto urgentemente. Talvez aquilo que minha filha encontrou na encruzilhada nem fosse pra você! Imagine se alguém vai gastar dinheiro comprando o material do tal despacho, como você diz, a fim de lhe atingir, de lhe fazer infeliz ou outra coisa qualquer? Isso não seria inteligente da parte da pessoa que a filha acredita ser a autora de tal coisa. Não é necessário fazer nada contra você se você mesma já está fazendo... E nego-velho pergunta ainda mais: pra que um espírito perderia seu tempo contra alguém que já está destruindo a própria vida com tantos contratempos? Já pensou nisso antes, minha filha?

A mulher começou a chorar ao ouvir as reflexões do pai-velho. Sua expectativa era encontrar ali alguém que se dispusesse a fazer um trabalho de fechamento de corpo e um feitiço de retorno para quem arquitetara sua miséria. Porém, ouvindo tudo aquilo, via-se obrigada a admitir que era ela própria, com suas atitudes, a razão de tanta coisa dar errado ao longo de sua vida. Como fazer para modificar, então?

— Nego-velho — continuou o espírito incorporado — vai dar um tempo a você para refletir. Não há nenhum trabalho para lhe fazer feliz ou trazer para você a atenção de seu marido. Nem mesmo para arranjar um emprego. Infelizmente, pai-velho não trabalha com correio sentimental, nem numa firma de recrutamento de pessoas para o trabalho. Por isso, pai-velho não arranja emprego pra ninguém.

"Você precisa entender que, para ser feliz na vida, a filha tem de ter atitudes sadias, semear felicidade e trabalhar de tal maneira e com tal qualidade que possa ser considerada *necessária* àquele que é seu patrão. Muita gente por aí diz que não tem emprego, que não ganha o suficiente, mas nego-velho acredita que falta é gente competente, gente que sue a camisa pra ser um bom profissional e que se empenhe em dar o melhor de si. De modo geral, minha filha, as pessoas querem saber só de seus direitos e se esquecem dos deveres. Querem reconhecimento, mas não fazem nada que as qualifique nem apresentam qualquer diferencial. Querem emprego e salário, e não trabalho e dedicação. Pense nisso um pouco. Quem sabe você poderá se ajudar bastante através destas reflexões?"

— Mas... e quanto à minha família, meu pai? Como vou fazer com meus dois filhos? Eles estão sem estudar por causa da nossa pobreza e, além disso, não querem nada com a vida...

— Pare de passar a mão na cabeça deles, filha! Nem Deus passa a mão na cabeça de seus filhos desgarrados... A vida tem leis que precisam ser respeitadas, e quem não anda de acordo com essas leis fatalmente encontrará as conseqüências. Para viver em comunidade, qualquer um precisa observar certas regras de conduta. A comunidade familiar não é diferente. Estabeleça regras de comportamento e faça com que sejam cumpridas.

"Sobre não ter como estudar, tem muitas escolas públicas por aí hoje em dia! O que lhes impede de matricular-se, se o ensino e até quase todo o material são gratuitos? Afinal, a pobreza não deve ser pretexto pra tudo. Ou deve? Não pretenda viver uma vida que você não tem condições de sustentar, minha filha. Seus garotos precisam de limites, e você, minha filha, de aprender a viver sem desculpar e justificar os erros de seus filhos. Você é que não soube impor limites nem regras e agora imagina que os espíritos resolverão, em seu lugar, aquilo que você mesma criou. Isso não existe!

"E não adianta procurar ajuda com aqueles que dizem trazer seu amor de volta em meia dúzia de dias ou com mirongas e feitiços de pessoas que também não conseguem se resolver. Ninguém tem o poder de solucionar problemas que a gente mesmo criou. Só você tem a capacidade e a oportunidade de consertar e reciclar suas experiências. O máximo que alguém pode fazer por você, minha filha, é lhe dar uma opinião para refletir. Não empregue seu dinheiro em trabalhos que não levam a nada, a não ser ao aumento da poupança daqueles pretensiosos profissionais do espírito.

"Tome nas mãos as rédeas de sua vida e faça você mesma a revolução que precisa ser feita, hoje e agora. Pra isso você não necessita despachos, velas ou oferendas; necessita é ter coragem e atitude. Essa conduta é que a tornará imune aos dissabores da vida. O corpo não precisa estar fechado; a mente é que deve estar aberta a novos conhecimentos, novas possibilidades, nova atitude. Pense, reflita e depois retorne para nego-velho ver se você aprendeu a lição."

Diante do que o espírito disse, a mulher enxugou as lágrimas e, ao levantar, falou de repente, como que desaguando as palavras:

— Acho que o senhor está enganando a gente. Não é nego coisa nenhuma! Essa conversa é coisa de branco inteligente...

E saiu da tenda com a cabeça crepitando, cheia de novas idéias em que matutar e repleta de desafios pela frente, porém com esperança de mudar — para melhor.

Ao lado do médium incorporado um trabalhador estava de prontidão, anotando as indicações do espírito que atendia naquela noite. Assim que a mulher saiu, permitiu-se perguntar ao pai-velho:

— Puxa, meu pai, aprendi tanto com essa conversa que o senhor teve com a consulente... Será que daria para explicar melhor aquilo que o senhor falou a respeito da personalidade esponja? Talvez suas palavras sirvam para entender o que ocorre comigo!

— Pois é, meu filho — atendeu prontamente o espírito. — Na realidade espiritual e energética do mundo, há ao menos dois tipos de pessoa, de encarnados, que demandam urgente trabalho de reorganização emocional. Trata-se das personalidades que nego chama de *vampira* e de *esponja*.

"No mundo de hoje, mais do que nunca, vocês estão cercados de vampiros. São os indivíduos comuns que vivem das energias alheias e delas se nutrem, lesando e roubando mesmo aqueles com quem convivem. Não se vestem de preto, nem tampouco vagueiam pela noite em busca do pescoço de inocentes para saciar sua sede de sangue. Nada disso. Os vampiros modernos esgotam as reservas energéticas dos outros atacando pelo lado emocional e afetivo. Fazem-se de vítima e querem despertar cuidados especiais da parte de quem está a seu redor, provocando-lhes o esgotamento nervoso e vital. Vivem num mar de lágrimas e justificam sua atitude afirmando que a infelicidade ou a insatisfação que experimentam é culpa do outro, do obsessor ou de alguma coisa que foi arquitetada contra si. Deve-se que ter cautela contra esse tipo de gente.

"Por outro lado, há aqueles que, embora não sejam vampiros, sugam todo tipo de emoção — ou forma energética de conteúdo emocional — que esteja dispersa em ambientes os mais diversos. Caso deparem com alguém atravessando um problema emocional, fazem verdadeira sucção dessas energias discordantes; rapidamente, passam a sofrer os impactos vibratórios decorrentes das atitudes e da vida do outro, que logo começa a se sentir bem, pois recebeu certa cota de vitalidade com a simples proximidade do indivíduo esponja. Simultaneamente, as energias negativas e indesejáveis que este absorveu provocam-lhe grande mal-estar. É um mecanismo infeliz, cujo efeito é bem diferente do que se verifica na doação. Esse é o drama dos seres de personalidade esponja."

— E tem remédio contra isso, meu pai?

— Bem, meu filho, nós, os espíritos, acreditamos que sim. Na realização de sua atividade cotidiana, o terapeuta do espírito, o espiritualista e o estudioso das ciências psíquicas devem necessariamente familiarizar-se com certos princípios fundamentais para entender o mecanismo de funcionamento da criação mental. O conhecimento evita que o sujeito se coloque como vítima e promove sua ascensão a agente de sua própria vida, aprendendo a coibir perdas fluídicas desnecessárias.

"Quando se considera o encarnado em sua existência intrafísica, é correto afirmar que todos os pensamentos ou idéias, uma vez abrigados de modo mais ou menos permanente, causarão reação física. Embora se percebam eventuais conseqüências somente após algum tempo em que são cultivados e irradiados, torna-se inevitável considerar que meus filhos precisam ficar atentos à qualidade do produto da mente[2], que pode afetar as diversas funções do corpo de maneira intensa.

"Um aparelho psíquico que emite vibrações e formas-pensamento negativas, pessimistas ou de baixa freqüência naturalmente compele o cérebro a executar, no corpo, padrão energético análogo. Ou seja: lenta, mas ininterruptamente o corpo é estimulado com o conteúdo mental impróprio. Assim sendo, nada mais sensato do que reorganizar as matrizes do pensar e fazer uma faxina mental, selecionando a qualidade das idéias, dos conceitos e das imagens que se acolhem na intimidade, visando deixar o lixo tóxico dos pensamentos de baixa vibração do lado de fora. Eis por que muita gente vem atrás dos espíritos pedindo que os livremos deste ou daquele problema e, com efeito, nada podemos fazer. É que a fonte do problema está no psiquismo de quem se sente incomodado; é a própria pessoa que necessita reciclar sua vida mental com urgência."

Explorando o silêncio através de uma pausa mais longa, claramente movido pela intenção de dar tempo ao rapaz, que se esforçava por assimilar o que dissera, o pai-velho continuou:

---

[2] Vale notar que os espíritos, quando empregam a palavra *pensamento*, não se referem estritamente ao produto do intelecto, que a rigor nem existe de modo isolado, mas ao todo composto por pensamento e emoção.

— Muita gente queixa-se de problemas físicos cujas causas os médicos da Terra não conseguem descobrir. Ocorre que certas patologias, meu filho, principalmente aquelas sem diagnóstico, na maior parte das vezes são causadas por uma vida mental e emocional complexa e desarmônica. Tomemos como exemplo as preocupações constantes. Elas induzem inúmeras mudanças no aparelho digestivo, no sistema nervoso, notadamente no vago-simpático, bem como na própria musculatura, determinando que o organismo entre em estado de emergência ou instabilidade. Não há mais como culpar a vida, os espíritos do mal ou supostos feitiços e artifícios de magia negra por eventuais — ou constantes — desequilíbrios orgânicos.

"Na verdade, requerem-se muita coragem e disposição para realizar uma cirurgia na própria alma, abrindo-se para uma análise ou uma autocrítica pormenorizada. Somente assim se verá que a maioria dos males que imputados aos outros é resultado do estilo de vida mental e emocional que o ser desenvolveu ao longo do tempo.

"Outro exemplo: a raiva. Abrigada dentro de si por muitos, é uma emoção que envenena a alma e as células do corpo. Popularmente, aquele que guarda raiva e mágoa é o chamado 'engolidor de sapos'. Engole tanta indignação, sem se expressar de modo conveniente diante de suas emoções discordantes e tempestuosas, que acaba por estimular a liberação de adrenalina na corrente sangüínea, causando muitas alterações no funcionamento da máquina corporal. Por exemplo, grande número dos que se queixam de problemas cardíacos são, na verdade, agentes da ansiedade ou do medo infundado, sensações que afetam a freqüência do chacra cardíaco e ocasionam resposta imediata no órgão correspondente: o coração."

— Então, meu pai — falou o auxiliar das tarefas da noite. — Temos de rever urgentemente nossos hábitos emocionais e mentais, do contrário ficaremos permanentemente dependentes de orientação espiritual e, ainda por cima, à mercê de idéias errôneas a respeito das questões espirituais...

— Isso mesmo, filho! A maioria das pessoas que vêm às casas de caridade em busca dos guias para obter orientações ou a resolução de seus problemas deveria, com grande proveito, procurar também um bom terapeuta. Nego-velho acredita que, em vez de gastar dinheiro comprando produtos para trabalhos, descarregos ou ebós, o mais indicado seria mesmo empregar seus recursos numa psicoterapia ou acompanhamento emocional de qualidade. Quem sabe assim, em vez de querer mudar a forma como as coisas funcionam — sem o poder —, as pessoas pudessem abraçar a lei divina tal como é e, em seguida, migrar o foco de sua atenção de *fora* para *dentro* de si? Está aí um trabalho que vale mais a pena do que aqueles de encruzilhada e outros do gênero. Entretanto, as pessoas costumam achar mais fácil pagar alguém para fazer algo em seu lugar, transferindo assim ao outro a responsabilidade por sua própria satisfação, do que elas próprias encararem o trabalho de modificar sua conduta mental e emocional. Seja como for, perante a força soberana da vida, de nada adiantam[3] os trabalhos fei-

---

[3] Estas observações, em absoluta consonância com os conceitos espíritas, dão uma interpretação ainda mais abrangente à prática de contratar terceiros para fins espirituais, o que foi duramente condenado tanto por Jesus quanto por Kardec. Pela paixão que despertam e pelas verdades que encerram, transcrevemos passagens de uma das principais fontes que abordam o assunto, porém recomendando enfaticamente a leitura na íntegra: "Deus não vende os benefícios que concede. Como, pois, um que não é, sequer, o distribuidor deles, que não pode garantir a sua obtenção, cobraria um pedido que talvez nenhum resultado produza? Não é possível que Deus subordine um ato de clemência, de bondade ou de justiça, que da sua misericórdia se solicite, a uma soma em dinheiro". Mais especificamente sobre a terceirização de responsabilidades, prossegue o texto: "Ainda outro inconveniente apresentam as preces pagas: é que aquele que as compra se julga, as mais das vezes, dispensado de orar ele próprio, porquanto se considera quite, desde que deu o seu dinheiro" (KARDEC, Allan. *O Evangelho segundo o espiritismo*, op. cit., cap. 26, itens 3-4: Preces pagas, p. 466-467).

tos, encomendados a outros com o propósito de resolver aquilo que cabe somente ao indivíduo.

— Vi muitas vezes o senhor falando a respeito das imagens mentais, meu pai — interpelou-o novamente o trabalhador. — Como elas atuam e exercem influência sobre nosso comportamento no dia-a-dia? Afinal, essas imagens afetam nosso estado de espírito, correto?

— Por certo que afetam. As imagens mentais são o resultado de pensamentos recorrentes, mais ou menos constantes, de um mesmo padrão vibratório. Tanto o cérebro físico quanto o sistema nervoso respondem de maneira rápida e intensa às figuras criadas e mantidas pelo indivíduo. Elaborada a partir dessa repetição de pensamentos de qualquer natureza, a imagem torna-se um tipo de impressão mental ou clichê, do qual o subconsciente lançará mão toda vez que houver associação com novos estímulos, sejam endógenos ou exógenos. Dito de outro modo: o ser forja os clichês em sua mente, e, no momento em que surge alguma situação externa que estabeleça sintonia com o tipo de imagem mental que cultivou, o sistema é ativado, entrando num estado de inter-retroalimentação. Quanto mais estímulo, mais vida ganha a imagem mental; quanto mais consistente esta se torna, mais incita novas doses. É um círculo vicioso, como se pode ver. O próximo passo é materializarem-se, no corpo ou em suas emoções, quadros ou comportamentos que consolidam o desequilíbrio.

"Observe, meu filho, que muitas pessoas querem erguer em torno de si um campo de defesa energética ou espiritual, contudo não cuidam da natureza dos pensamentos que cultivam e dos clichês que elaboram em torno de si. Ora, qualquer proteção energética ou espiritual depende inteira e diretamente da qualidade da produção e do substrato mental de quem almeja a imunidade vibratória ou fluídica. A força e o dínamo da corrente magnética que mantêm ativos e eficazes os campos de proteção que envolvem o indivíduo — tanto quanto a comunidade — estão enraizados na sua conduta mental. Não há como escapar a essa realidade; é do arcabouço psíquico que se extrai a matéria-prima para sustentar a defesa ou imunidade espiritual. Irradiar pulsos magnéticos e fortalecer escudos das mais variadas formas e métodos será inócuo se o ser não cuidar das fontes do pensamento e não compreender tais leis de manutenção do equilíbrio energético.

"Quando realizamos tarefas de desobsessão e fortalecimento da proteção fluídica, observamos que a maior contribuição que se poderia dar às pessoas assistidas é um curso intensivo mostrando a responsabilidade pessoal na manutenção do pensamento e das emoções organizados. Enfim, como já disse: não se pode abrir mão de um acompanhamento emocional junto com o atendimento desses casos. Afinal, é ingênuo supor que apenas alguns comandos mentais estimulados pelo magnetismo sejam suficientes para erguer e sustentar a defesa energética, seja no âmbito individual, seja no coletivo, sem levar em conta o cuidado com a fonte propulsora da força magnética, que são as emoções e os pensamentos."

— É, Pai João, então temos de zelar de verdade por nossos pensamentos, e no caso dos médiuns não somente no dia das tarefas espirituais ou magnéticas, como também em nosso dia-a-dia...

— Essa é a realidade, meu filho, a pura e simples realidade; ela demonstra o princípio que deve nortear a forma de lidar com as questões do magnetismo. Também essa é a maior necessidade daqueles que procuram ajuda para suas vidas. No fim das contas, não há nenhum proveito em conversar com espíritos, sejam eles pais-velhos, caboclos ou quaisquer outras figuras espirituais, a não ser com o objetivo de despertar para tais fatos. Do contrário, o auxílio serve apenas de muleta para fomentar a dependência doentia que certas pessoas desenvolvem em relação aos espíritos. O remédio de que precisamos mesmo é trabalhar as emoções e os pensamentos por meio do esclarecimento das pessoas.

"Ele te cobrirá com as suas penas, e debaixo das suas asas estarás seguro. Mil cairão ao teu lado, dez mil à tua direita, mas tu não serás atingido. Se fizeres do Senhor o teu refúgio, e do Altíssimo a tua habitação, nenhum mal te sucederá, nem praga alguma chegará à tua tenda. Pois aos seus anjos dará ordem a teu respeito, para te guardarem em todos os teus caminhos; eles te sustentarão nas suas mãos, para que não tropeces em alguma pedra."

Salmo 91:4,7,9-12

5
Sessão de descarrego

— Deus me livre! — exclamava a mulher a plenos pulmões. — Eu não tenho nada a ver com o Diabo. Esse negócio de espírito é obra de Satanás! Imagine, Zuleika, se nós podemos conviver com gente atrasada que vive fazendo obra do demônio... O pastor falou no culto que nós devemos combater esse tipo de coisa.

— Que é isso, Isabel? — respondeu Zuleika. — É claro que sei que isso é do Diabo, mas e se por acaso a gente estiver enganada? Como ficam as coisas?

— Você duvida, minha amiga? Você duvida então da palavra de Deus?

— Ora, Isabel, você com suas idéias... Sabe muito bem que vou ao culto todos os domingos e adoro participar das orações no templo. Como eu poderia duvidar? Estou apenas procurando conversar e saber como as coisas seriam se a gente estivesse enganada a respeito dessas questões. Não é que eu duvide, mas sabe? E se...

— "Se" coisa nenhuma, minha amiga. O pastor lá da igreja sempre está certo. Não podemos mexer com quem já morreu...

Zuleika é uma mulher experiente. Trinta e oito anos, morena clara, cabelos cacheados e olhos pretos. Desde criança convive com situações incomuns, para as quais não encontrou explicações satisfatórias em sua religião. Freqüentava a igreja renovada por razões sociais e, atendendo ao apelo da mãe no leito de morte, não abandonara a religião. Temia descumprir o juramento feito à morta. Com esse pensamento é que ia semanalmente ao templo, apenas para aplacar seus medos quanto à promessa feita, sem raciocinar sobre quais seriam as implicações dessa decisão. Era religiosa, dedicada a Jesus.

Assim jurava de pés juntos para as amigas que professavam a mesma fé. Mas, no fundo, no fundo, desejava mesmo era arranjar um bom namorado entre os fiéis, pois entre todas as irmãs somente ela ficara solteirona. Ah! Como era difícil permanecer na solidão assim, sem ninguém com quem compartilhar a vida, as paixões e os anseios de mulher.

Até que tivera algumas aventuras amorosas, entretanto isso não a satisfazia. Era mulher casadoira, e o que mais queria era encontrar alguém com quem se unir até que a morte os separasse. Amasiar-se? Nem ver. Que falariam dela na cidade? Afinal, ela podia até morar na capital, mas a turminha com a qual convivia no dia-a-dia era um povo exigente e conservador. De jeito nenhum perdoariam caso morasse com um homem sem a devida cerimônia, com direito a véu e grinalda. Exatamente da maneira como a velha mãe idealizara e como fizera a irmã mais nova. Entrar na igreja com toda aquela gente jogando pétalas de flores sobre o casal... "Ah!" — suspirava só de imaginar. Zuleika sonhava constantemente com o casamento. Mas, infelizmente, não conseguira o noivo.

Resolveu então aderir ao movimento carismático e, deste, foi para uma igreja evangélica. Assim, se uma religião não ajudasse, ela teria duas. Por segurança. Era um povo alegre o pessoal da igreja, uma turma renovada, embora não pudesse negar sua queda por outras religiões. Já que tinha de cumprir a promessa com a morta, que fizesse uso conveniente da situação... Afinal, ela só prometera não abandonar a religião — qualquer que fosse a denominação religiosa! Jamais garantiu à mãe que não iria a outras igrejas nem se interessaria por outras religiões. Até porque, apesar de haver muitos rapazes atraentes, estava tão difícil achar um marido ali na igreja... E amasiar-se ela não queria mesmo. Isso era ponto decidido.

Já fizera até promessa para Santo Antônio, o santo casamenteiro, e nada — ai, se Isabel descobrisse! Um dia ensinaram a ela que deveria adquirir uma imagem do dito santo e cozinhá-la de cabeça para baixo no feijão. Pobre santo!... Não é que ela fez tudo conforme o figurino? E para que adiantou? Nada, nenhum homem ou maridão foi pescado. Submeteu-se a todo tipo de fantasia criada pela imaginação popular, inclusive tomar banho de pipoca nuazinha em pêlo, à noite, em frente a uma igreja. Já pensou se passa alguém e vê?

Pobre Zuleika, agora tinha de apelar. As simpatias não surtiram resultado e ela continuava solteirona, rezando e fazendo promessas. E as velas que acendera? Já perdera as contas... Evidentemente, fez tudo isso escondido da amiga, que era uma legítima fanática.

A busca de Zuleika por um marido foi tão intensa e determinada que até uma "vidente" ela procurou. Dessas que afixam folhetos nas ruas e nos postes: "Mãe Fulana de Tal — traz a pessoa amada em 7 dias". E olha que, nos dias de hoje, o mercado está tão concorrido que tem gente anunciando prazo de 5 ou 3 dias e até de 24 horas!

A amiga Isabel bem que alertou: "Isso é obra do demônio". Afinal de contas, o pastor falou, está falado. Nada adiantou também. Zuleika continuava sonhando com o noivado, o casamento. A tal mulher que lhe prometera arranjar um marido em uma semana só soube comer seu rico dinheirinho. Fora embora todo o seu salário e as economias que fizera para comprar o enxoval. Em vão.

Zuleika se transformara numa devota da igreja renovada. A amiga Isabel contara que o Espírito Santo estava obrando na igreja e que ela mesma tivera provas do seu poder: depois das orações ela falara *em línguas,* conforme constava da Bíblia. Eram línguas estranhas, na verdade, que ninguém entendia. Os crentes diziam ser línguas dos anjos. Quem sabe?

"Já que estão ocorrendo milagres tão fantásticos na igreja, será que eu não consigo um milagrezinho assim, desse tamanhinho, só para ajudar a amarrar meu homem?" — tentava se convencer Zuleika.

Estava louca, desesperada, endiabrada... "Ah! Que

calor! Que calor, meu Deus!" Zuleika não agüentava mais pensar na situação.

Outra amiga — Morgana, a esotérica — dissera-lhe que sua energia *yang* estava em ebulição. Ou seria a energia *biang*? "Sei lá" — pensava ela. "Esse povo todo é muito maluco!" Mas, se essa maluquice toda servisse para ajudá-la a ter sucesso em seu intento, então se encheria de balangandãs, penduricalhos, incensos, cristais e decoraria todas as rezas, mantras e assemelhados. Em nome de Deus ou de quem quer que fosse, ela precisava casar, tinha de arranjar um noivo a qualquer preço. Não agüentava mais esperar.

Foi numa dessas conversas com Isabel que ela se distraiu e deixou escapar que Morgana era esotérica. Justamente sua amiga Morgana, a única que a entendia... Bastou um instante de desatenção e o caos estava armado, a pregação havia começado. Também, por que não ficou com o bico calado? Tinha de falar sobre esoterismo logo com Isabel, sua companheira de igreja?

Isabel era outra... Mal-amada, não se conformava com as estripulias do marido. Para curar sua inquietação com o casamento, que vivia só de aparências, resolveu então "entregar seu coração para Jesus".

"Também pudera" — pensou Zuleika. "Depois de aprontar todas que tinha direito e de ser rejeitada pelo marido, só tinha uma saída: entregar para Jesus! Coitado, tadinho dele..." — ela ria sem se incomodar com Isabel, que estava bem ali, a seu lado.

— Que é isso, Zuleika? Está doida, mulher? — perguntava Isabel, sem entender o motivo do riso repentino da colega.

E Zuleika, sem responder, absorta em seus pensamentos, continuou o raciocínio:

"Ele recebe cada coisa... Depois de a pessoa virar um bagaço, depois de pintar e bordar e não ter mais nada que presta, entrega o restolho pra Jesus. É um tal de *ex*-marginal, *ex*-prostituta, *ex*-ladrão, *ex*-macumbeiro... Ele ganha cada coisa nesse mundo!" — pensou Zuleika, com seu sorriso maroto. "Será que o tadinho não ganha nada que presta?"

— Zuleika!!! — berrou a amiga.

— Deixa de ser abestalhada, mulher... Me deixe em paz, de uma vez!

— Mas você está pensando bobeira. Conheço este seu sorriso cínico. Pensa em Jesus, minha amiga.

E, olhando de soslaio para Isabel, abana-se como que para dar fim àquela conversa chata e sai na frente, rebolando exageradamente, feito doida.

— Ai, mais que calor... Que calor, meu Deus! — exclamou Zuleika.

As duas entraram no templo com o sentimento voltado para Deus e as coisas do espírito. Pelo menos Isabel, pois Zuleika estava com os olhos revirando na órbita de tanto olhar para os lados. Tudo o que via eram aqueles irmãos que ali chegavam para orar e louvar a Deus, nada mais. Afinal, se não podia ver Jesus mesmo, em pessoa, poderia aproveitar para olhar e admirar os filhos do Senhor, seus seguidores...

— Sagrado Jesus, Senhor da glória! — balbuciava Zuleika ao ver todos aqueles homens reunidos, tentando apascentar sua libido e minorar o incômodo com sua situação emocional, sua solteirice compulsória.

Tão logo o pastor começou a pregar e, na conclusão da prédica, a orar, o público foi aos poucos entrando em sintonia com as suas palavras. As emoções de cada um pareciam adquirir vida própria, e o clima psíquico era algo palpável, facilmente perceptível. O pastor sabia manipular as palavras de maneira a falar aos desejos e às emoções dos presentes. Um clamor coletivo dominava o ar. Em torno do missionário evolava-se intenso magnetismo. De suas mãos e olhos partiam irradiações eletromagnéticas de tal intensidade que reforçavam a convicção dos fiéis ali presentes, que realmente acreditavam ser ele um enviado de Deus para resolver suas mazelas. De repente, o pastor gritou em sua oração renovada e inspirada:

— Coloquem a mão direita sobre o local onde dói

ou onde julgam estar o problema que os incomoda! Neste momento, pedirei aos anjos do Senhor que toquem seus corações e suas mentes, que libertem do mal que acompanha os irmãos. Esta é uma noite de libertação. Em nome do Senhor, eu repreendo os espíritos da maldição! Em nome do Senhor Jesus, eu repreendo os espíritos da macumbaria e da feitiçaria! Em nome de Deus, eu declaro a vitória sobre o inimigo, sobre as pombajiras, os exus do mal e sobre toda sorte de demônios que afetam as vidas dos irmãos. Aleluia! Aleluia! Ô glórias...

No auge da oração forte, as pessoas já estavam de tal modo entregues, abertas ao transe anímico que se predispunham ao que quer que o pastor as induzisse. A oração funcionava como recurso magnético e hipnótico de grande potência. Pessoas perdiam o controle emocional, choravam ou começavam a rir nervosamente, sem parar, enquanto se viam outros a pronunciar palavras desconexas, interpretadas pelos crentes como sendo o idioma dos anjos.

— Eu os liberto de toda ação do Demônio, de toda artimanha do Maligno e dos laços de Satanás — anunciava o pastor com autoridade e firmeza impressionantes. Simultaneamente às palavras que constituíam o ápice de sua oração, ele bateu o pé direito no tablado do púlpito de uma só vez, produzindo forte som em meio ao burburinho crescente.

De repente, mediante as sugestões hipnóticas emitidas pelas calculadas palavras do pastor, Zuleika pôs-se a tremer convulsivamente. Tremia tanto que a amiga Isabel parou de falar a língua dos anjos e tentou segurá-la, o que se demonstrou inútil. Neste instante, o missionário gritou ainda mais alto e então foi acompanhado por um grupo de mais ou menos 10 obreiros que com ele dividiam o tablado, os quais, em meio aos apelos magnéticos do pastor, passaram a bater os pés em uníssono, emitindo estrondos ritmados que sobressaíam da algazarra de línguas e gemidos da turba.

Zuleika surtou de vez e foi ao chão feito uma fruta madura quando cai da árvore. Debatia-se loucamente, num ataque de nervosismo que denotava o intenso grau de desequilíbrio que a dominava.

— É a pombajira dos infernos! — exclamou a amiga Isabel a plenos pulmões. — Valha-me, Deus, nosso Senhor!

O pastor aproveitou a situação e desceu do tablado, sempre orando com palavras cada vez mais insufladas de emoção e vitalidade. Dirigiu-se logo para onde Zuleika se estrebuchava no chão.

— É o poder de Deus que repreende os demônios da maldade! — anunciou o pastor enquanto a multidão cantava, gritava e falava a língua dos anjos, conforme se manifestava a histeria nas pessoas.

— Eu te repreendo, demônio, em nome do Senhor Jesus. Salve, salve! Aleluia, aleluia! Glórias...

Zuleika foi então erguida por dois brutamontes que acompanhavam o pastor Moisés naquela noite de libertação e descarrego. Em franco desequilíbrio emocional e nervoso, ela tremia dos pés à cabeça, quando o pastor resolveu interpelá-la, tal como se ele se dirigisse a um espírito incorporado:

— Fale, demônio da pombajira, diga o que você quer desta mulher — ordenava o pastor em pleno volume, ao mesmo tempo em que batia na cabeça de Zuleika com pesada Bíblia, incitando a pobre mulher a se expressar como se fosse um demônio incorporado. Gemia, rugia e soltava palavrões como se fosse mesmo um espírito do mal. Não havia outro jeito: ou cumpria o protocolo daquele lugar ou seria espancada com a Bíblia indefinidamente.

Zuleika fingiu desmaiar diante de tantos golpes que levara na cabeça e de tal estardalhaço em torno de si. Isabel pulava e soltava sons incompreensíveis durante o descarrego feito pelo pastor, que, àquela hora, já se consagrava como o enviado do Altíssimo para a libertação da mulher possuída. Conduzida a outro cômodo, todos acreditavam que Zuleika estava inconsciente. Sua amiga Isabel, pulando e louvando em meio aos hinos dos fiéis, acompanhava a recém-liberta, que fora levada do ambiente pelos dois homens que escoltavam o pastor. Enquanto isso, o pastor Moisés continuava no salão curando e libertando outras almas da perdição. Quando a mulher deu por si na poltrona da sala anexa, completamente sugada e desvitalizada, a amiga foi logo comentando:

— Irmã Zuleika, a pombajira estava com você. Eu falei, eu falei que você estava possuída pelo demônio! Aquele calor todo que você sentia era o fogo do inferno. Mas, graças a Deus, o pastor Moisés libertou sua alma. Você agora está salva por Jesus e a demônia da pombajira te largou e foi queimada pelo fogo do Espírito Santo.

Zuleika abriu os olhos lentamente, enquanto a amiga tagarelava a seu lado, quase possuída — quem sabe pelo Espírito Santo? Certificou-se de que estavam sozinhas e de que os homens haviam retornado ao salão da igreja. Num átimo, reuniu as poucas energias de que ainda dispunha e pôs-se de pé, falando à amiga Isabel, interrompendo-a:

— Que pombajira, que nada, amiga! Eu é que não volto mais aqui. Me deu uma tremedeira tão grande que não tive como me dominar, mas sei que não era nenhum demônio coisa nenhuma.

— Era ela sim, Zuleika! Era a pombajira dos infernos que estava danando sua alma, amiga. Ela é a mulher do Satanás. Logo notei, quando a gente vinha pra igreja, que você estava estranha. Ela te jogou no chão quando o pastor se aproximou. Ele orou o Salmo 91 sobre você, que é uma oração poderosa, e retirou a danada de seu corpo. Você agora está com o corpo fechado, amiga, nenhum demônio pega você mais.

— Que nada, Isabel. Fui obrigada a fingir que havia um espírito em mim, pois não conseguia dizer nenhuma palavra, tamanha força me dominou. Se eu não fingisse, apanharia ainda mais com aquela Bíblia enorme com a qual o pastor surrava minha cabeça.

Passando a mão sobre o couro cabeludo para certificar-se de que não sofrera nenhuma contusão, Zuleika tratou de sair quase correndo pela porta dos fundos da igreja, deixando para trás a amiga boquiaberta, na certa acreditando que o demônio, ou melhor, *a demônia* havia se apossado novamente de Zuleika. Depois desse teatro todo, as duas nunca mais se viram. Zuleika ficou realmente possessa de raiva da igreja, do pastor e dos demônios evocados por ele naquela sessão de descarrego.

Tinha também raiva de Jesus. "Ô povinho miserável que ele arrumou para lhe representar" — pensava a mulher endiabrada, indignada e desiludida com a religião.

Foi assim que resolveu apelar. Não voltaria mais à igreja, nem que Jesus ou sua falecida mãe a amaldiçoassem, deixando-a solteira para o resto da vida. Tamanho desespero acometia a pobre mulher que acabou procurando um terreiro. Tudo o que a antiga amiga não queria e que lhe desaconselhara veementemente.

Que se danasse a promessa feita à mãe morta! No fim das contas, ela estava morta mesmo, não estava? Encontrou uma mulher que se dizia mãe-de-santo. Se era alguém confiável ou não, Zuleika ainda não sabia, mas que tinha conhecimento da coisa, isso sim. Não podia negar. Dizia-se ser do candomblé, e foi em sua roça que Zuleika conheceu o jogo de búzios. Ela tinha de consultar o seu santo de qualquer jeito. Ver o que estava atrapalhando sua vida.

— O búzio é uma espécie de concha ou caramujo africano usado para interpretar a vontade dos orixás — informava Mãe Mercedes. — Você tem de vir aqui um dia desses para eu jogar búzios e ver o que os orixás determinam para sua vida.

— Vir eu até venho, Mãe Mercedes, mas primeiro eu tenho de conhecer alguma coisa a respeito. A senhora sabe, sou uma pessoa inteligente, que usa a cabeça, e não vou me jogar num lance desses aí sem saber com que estou mexendo...

— Então, vamos lá, que eu vou dar a você algumas explicações antes de jogar.

Mercedes era uma mulher esguia, alta, com o rosto marcado por rugas fortes e expressão que remetia a uma cigana. Usava óculos com lentes grossas e roupas simples, nada vistosas. Em sua casa havia um cômodo onde repousava uma peneira sobre pequena mesa. Colares, contas e um cristal faziam parte dos apetrechos que eram vistos sobre a mesa coberta de pano muito alvo. Dentro da peneira estavam dispostas 16 contas africanas. Eram os búzios, considerados sagrados. Mãe Mercedes era representante do culto de *kêtu* — segundo dizia. Ao lado da peneira, destacava-se um copo branco com alguma coisa dentro, que Zuleika jamais vira.

— Esta é a raiz de ázio, que faz parte do ritual do jogo. As raspas da raiz sagrada devem ser trocadas diariamente, duas vezes ao dia. A bigorna de ferro em tamanho reduzido é o instrumento de Ogum, o orixá da guerra, do ferro e da tecnologia. A outra bigorna que você vê aqui, de alumínio, é representativa de Oxalá, e a figa de chumbo, de Nanã, a avó dos orixás.

Após fitar a mulher que a procurara e perceber que, com toda a sua inteligência, não entendera quase nada do que havia explicado, Mãe Mercedes continuou:

— Aqui, Zuleika, eu uso alguns instrumentos simbólicos que me auxiliam nas predições. No meu caso, preciso disto tudo a fim de abrir minha clarividência no contato com as forças da natureza. Tem gente boa por aí que não precisa destes elementos. Mas eles fazem parte da tradição que herdei de minha velha avó. Uso minerais, algumas pedras preciosas, como vê, além de um idê de ferro para o Sr. Ogum, que abre os caminhos da minha vida. As sementes de aridã, junto com os obis e orobós, representam os elementos masculino e feminino. Também fazem parte do ritual do jogo de búzios e possuem sua função para os representantes do candomblé. É claro que falo daquelas pessoas que realmente têm o fundamento do santo, não daqueles que aprendem de qualquer jeito e ficam a enganar as pessoas por aí.

"Esta aqui — falou apontando para uma pedra à frente da mesa — é a pedra d'ara, que representa para nós, da nação, o compromisso com a verdade, em dizer exatamente aquilo que os orixás determinam no jogo. Antes de ser usados, os búzios devem ser preparados. Há todo um ritual do candomblé para isso. Têm de ser colocados numa infusão de determinada erva que dá dentro d'água, a chamada santos-olhos. Neste meu jogo utilizo 16 contas de búzios, mas essa quantidade varia conforme a orientação do culto e da nação."

Vendo que a mulher começara a se interessar, Mercedes ousou perguntar:

— Quer que eu jogue pra você agora? — ofereceu a dirigente do culto de nação.

Sem saber muito bem o que queria e confusa com tanta novidade, Zuleika cedeu ao impulso e aceitou a oferta do jogo.

— Bem, já que você quer saber dos detalhes do que vai acontecer, vou lhe dar algumas informações enquanto preparo o jogo no tabuleiro dos búzios.

"Segundo a mitologia africana, e também segundo alguns cultos de nação, Lebá ou Elegbará, que representa Exu, era o mensageiro dos orixás e possuía o dom da adivinhação. De um momento para outro, Lebá pediu a Urumilá, o deus supremo na mitologia ioruba, que desse a Ifá o privilégio desse dom, e, desse modo, foi transferida a este orixá a ascendência nos jogos divinatórios. (A título de comparação, Ifá talvez corresponda ao mesmo papel do Espírito Santo, na linguagem da Igreja.) Esse orixá, então, assumiu o compromisso de, sempre que procurado pelos homens, servir de guia na interpretação da vontade dos orixás. Por ter abdicado do dom da adivinhação em favor de Ifá, Exu, o mensageiro, passaria a ser reverenciado primeiro no jogo, como forma de recompensar sua generosidade.

"Ainda de acordo com a mitologia, segundo pude estudar, Ifá não cumpriu sua parte no trato. Em virtude disso, Oxum recorre ao deus supremo requisitando para si a incumbência do jogo. Revoltado com a interferência desta iabá, Ifá resolve assumir sua responsabilidade; porém, a partir de então, Urumilá reorganiza a situação e divide entre Oxum e Ifá a obrigação do jogo, desde que consultassem Exu, o guardião, toda vez que jogassem as contas sagradas. Assim se fez, e até hoje, antes de jogar os búzios, nós, os praticantes do candomblé, reverenciamos Exu como aquele que por direito sagrado detém o poder de abrir as portas da adivinhação, os caminhos e as porteiras da vida."

— Deus me livre, Dona Mãe Mercedes — falou Zuleika, apavorada com a palavra *exu* e o que significava para ela, que vinha de uma formação religiosa diferente. — Mas Exu não é o Diabo?

Soltando gostosa gargalhada, Mãe Mercedes respondeu boamente:

— Nada disso, Zuleika! Quando falo de Exu, não me refiro a entidades que se manifestam com esse nome na umbanda ou em outros cultos. Aqui não trabalhamos com *eguns* ou almas de mortos. Em nossa nação, trabalhamos exclusivamente com forças da natureza, com os elementos ou encantados, como se diz em outras nações. Dessa maneira, assim como acontece com cada orixá, Exu para nós é apenas uma vibração, uma força da natureza.

E arrematou, depois:

— Claro que falo assim para que você possa entender; afinal, você não é do santo, portanto não adianta lhe explicar os detalhes. Por isso, estou resumindo tudo de forma que você entenda, numa linguagem mais comum.

— Então a senhora me garante que esse tal de Exu que vocês falam não é nenhum demônio?

— Com certeza, Zuleika! O único demônio que a gente conhece aqui são as pessoas que fazem o mal ou aquelas que aqui vêm pedindo ou querendo evocar a força dos orixás para vinganças, maldades e mesquinharias. Mas pode ficar tranqüila, porque aqui a gente não faz maldade e nem encomenda serviços de amarração, demandas e outras coisas inconfessáveis. Sou filha de Xangô e o meu orixá é santo de justiça. Ninguém fica impune diante da lei de Oxalá e Urumilá.

Antes de jogar os búzios, Mãe Mercedes acrescentou mais alguns detalhes:

— Tenho de lhe falar alguma coisa mais, Zuleika, e talvez isto até possa assustá-la um pouco, mas peço que primeiro me ouça, antes de me julgar.

— Ai, meu Deus, lá vem você com essa mania de deixar a gente com medo! Tem alguém perto de mim? A senhora está vendo alguma coisa me rondando? Fale, mulher, fale logo senão dou um troço...

— Não é nada disso, Zuleika! É sobre a lei de santo. Existe uma lei que é conhecida por nós como a *lei de salva*. Ela é muito mal interpretada por quem não nos conhece. Diz a lei que toda vez que vamos jogar os búzios a pessoa deve dar uma oferta para a manutenção dos trabalhos com os orixás. O pagamento pelo serviço de Exu, conforme lhe falei antes, na história que lhe contei.

— Ah! Então não é nada de espírito perto de mim, não, né? Graças a Deus, Mãe Mercedes. Então eu terei de pagar pra jogar para mim?

— Pois é, Zuleika. No candomblé, respeitamos algumas leis que membros de outras religiões desconhecem ou fazem de conta que não existem. Como na igreja evangélica, por exemplo, onde os fiéis têm de doar o dízimo; na igreja católica, pagam-se os sacramentos para sustentar o culto e tudo o mais que envolve o trabalho dos sacerdotes. A manutenção do templo envolve desde a limpeza e os pequenos reparos até o pagamento de funcionários, impostos, contas de água, luz e telefone, entre outras despesas. No meu caso, estabeleci que o consulente deve doar de acordo com o que ele propuser, de coração, assegurando que o dinheiro será empregado para levar adiante o serviço dos orixás, adquirir ervas e material de culto.

Ajeitando-se toda na cadeira em que estava sentada, quase rebolando, Zuleika respondeu:

— Ixe! Não precisa explicar essas coisas pra mim, Mãe Mercedes. Sei muito bem que a senhora está tirando do seu tempo, do seu trabalho para me atender de boa vontade...

— Mas ainda não é isso, Zuleika. Eu não fico com o dinheiro da salva. Também fiz um compromisso com meu pai Xangô que empregaria todo o recurso financeiro dos jogos numa creche aqui do bairro. Na verdade, me inspirei na vida e nos ensinamentos de Mãe Menininha do Gantois. Pessoalmente, não preciso desse dinheiro, pois tenho uma boa pensão do meu falecido marido e trabalho como enfermeira em serviços particulares, atendendo idosos.

— Não se preocupe, Mãe Mercedes. Entendo isso, de verdade. Afinal, fui evangélica e já entreguei pra Jesus um dia. Lá na igreja, a gente era acostumada a doar de coração, e eu fazia com muita boa vontade. Só que aqui eu posso ver no que a senhora emprega as contribuições...

Antes que Zuleika entrasse em detalhes, Mercedes a interrompeu:

— Vamos lá, minha filha, não é hora da gente abrir brecha para mágoas ou desconfianças infundadas!

Zuleika ficou sentada ali mesmo, em frente à pequena mesa atrás da qual se colocara Mercedes. A mãe-de-santo pediu a Zuleika para orar, elevar o pensamento ao seu anjo da guarda, enquanto ela própria recitava uma oração numa língua diferente, enquanto sacudia as contas sagradas nas mãos em concha. Ao jogá-las na peneira, Mercedes olhava atentamente a posição dos búzios, e depois de algumas outras manobras, rezando suas rezas sagradas, a sacerdotisa falou para Zuleika:

— Quem responde por você é Iansã, o orixá dos raios e das tempestades. Oxalá interfere na resposta, e Oxum é quem interpreta. Você precisa procurar um lugar onde se trabalha com eguns. Aqui em minha roça não me envolvo com alma de pessoas mortas, mas com encantados ou orixás. Segundo o jogo me mostra, há alguém que normalmente chamamos de egum — ou um ser desencarnado — que lhe cobra algo do passado. É um homem a quem você amou muito, e ele igualmente se dedicou intensamente a você.

Jogando novamente as contas sagradas, Mercedes acrescentou:

— Não adianta tentar afastar egum, pois ele só será encaminhado mediante o trabalho com os espíritos, algo que eu não faço aqui. Esse egum, seu antigo afeto, está o tempo todo a seu lado. Você sonha com ele como se fosse um vulto lhe seguindo. Não perseguindo, mas caminhando sempre no seu rastro.

"Iansã diz pra não se preocupar, mas você precisa resolver essa situação com urgência, senão você ficará à mercê de uma força muito poderosa, a força sexual, que está tão contida e mascarada em você que, de um momento para outro, você poderá perder o equilíbrio."

Após jogar mais umas duas vezes as contas sagradas, a mãe-de-santo acrescentou, sem que Zuleika tivesse falado qualquer coisa com ela:

— Ah! Minha filha... Iansã diz aqui que o ocorrido lá na igreja com você era o tal moço, o egum que está junto de você e que, num momento de transe, você se descontrolou por completo e o sentiu de forma mais intensa. Ele precisa ser encaminhado por alguém que é especialista nisso. E não sou eu a pessoa indicada pelos búzios.

— E será que não fala aí a respeito de um marido para mim? De um namoradinho que seja?

— Olha, Zuleika, acho que você está procurando em lugar errado. Como eu lhe disse, não pratico a lei do santo conforme muitos fazem por aí. Tenho meus valores espirituais e minha própria lei. Aqui não faço amarração nem conheço esses tais arranjos matrimoniais. Outra coisa, mulher — falou Mãe Mercedes, em tom mais sério. — Procure logo um lugar para ir e resolver essa pendência em relação a esse egum, senão corre o risco de complicar mais ainda sua situação espiritual. Acho que deve procurar... Espere aí. Vou jogar outra vez.

Rezando num idioma desconhecido, Mercedes procurou se concentrar e jogou novamente os búzios.

— Quem responde é Xangô, o orixá da justiça. Ele diz para procurar um lugar onde certo homem trabalha com eguns. Há um local numa cidade próxima daqui que você deve procurar. É um filho de Xangô, mas ele não é da nação, é um homem que faz ponte entre dois mundos. Segundo os orixás, ele trabalha com um velho que tem competência para ajudar no seu caso. Xangô encerra o jogo.

Após a conversa com os búzios, em que Mãe Mercedes interpretara as ocorrências no jogo, ela passou por escrito as indicações. Assim, Zuleika deixou-se cativar pelo trabalho de Mercedes, entendendo que já era hora de colocar fim a seu preconceito. Encontrara alguém que, embora não professasse sua religião, tinha compromisso sério com as questões espirituais. Mercedes era adepta do candomblé e era respeitada, confiável e, dentro daquilo que acreditava, fazia o que podia para auxiliar, sem exageros e sem viver à custa da religião.

Impressionada, Zuleika saiu da casa da sacerdotisa com novos elementos para pensar. Entre outras coisas fazia uma reflexão a respeito de sua caminhada em busca do casamento, do uso que fez da religiosidade apenas para encontrar um homem e de sua insatisfação com as questões espirituais. Contudo, demonstrando seu jeito maroto, a mulher remexeu-se toda em meio aos pensamentos, arrumou o decote enorme, mostrou seu requebrado pra nem sabe quem que passava na rua e pensou:

"Ah! Também, depois que entreguei pra Jesus e ele não fez nadinha comigo nem por mim, eu até que mereço essa vida mesmo. Preciso me resolver senão vou morrer velha, um cangaço. Vou procurar esse sujeito na outra cidade e já, já resolvo meu problema."

E, em voz alta, de maneira que qualquer um na rua pudesse ouvir, Zuleika declarou, abanando-se toda:

— Ai, meu Deus! Que calor, que calor! Minha energia *biang* hoje está a todo o vapor... Acho que ela vai se derramar toda uma hora dessas. E aí, quando ela se esparrama, ninguém me ajunta depois... Posso morrer solteira, mas não desço do tamanco jamais!

"Ela era uma moça bonita e tinha sua espada brilhosa, sua coroa cravejada de brilhantes, babalaô, babaloá... Oi, Santa Bárbara, rainha do djacutá!"
Canto de Iansã

6
Filha de Iansã

Naquele dia Zuleika chegou de mansinho. Sonhara que havia um vulto a seu lado e ficara ensimesmada desde então. Pegou o ônibus logo no começo da tarde e demandou para a cidade vizinha, onde, segundo indicações, encontraria o homem acostumado a lidar com espíritos de gente morta. Os chamados *lunduns*, segundo Zuleika ouvira. Ou será que eram os *luluns*?

Zuleika era uma mulher nada dada a delicadezas nem a detalhes e, portanto, com freqüência confundia nomes de objetos e de pessoas. Como não se importava muito com minúcias, vivia se desculpando toda vez que errava o nome de alguém com quem tinha se encontrado. Não se poderia esperar que aquela mulher conseguisse gravar nomes que não eram comuns ao seu vocabulário.

Tentando chegar a alguma conclusão a respeito das inquietações íntimas e dos *luluns* foi que Zuleika encontrou o recanto de caridade onde o tal médium do pai-velho atendia os consulentes. Adentrou o ambiente tentando ser sutil, mas não conseguiu, com todo aquele remelexo, os penduricalhos que trazia nos punhos em forma de braceletes, a roupa vermelha — discretíssima —, sapatos com salto alto e bico finíssimo e cabelos soltos feito um bambuzal numa tempestade. Para completar o visual tão modesto, trazia enorme bolsa prateada a tiracolo... Foi assim que ela entrou no ambiente, desejando que ninguém a percebesse. Não se arrumara conforme tinha o hábito, pois queria parecer uma simples mortal, perdida na multidão sem ninguém a notar. Afinal, segundo a sacerdotisa, ela era filha de Iansã, uma santa. No verdadeiro sentido da palavra. Ela era uma pessoa requintada, devota a Deus, casadoira, discreta. Concluindo, uma mulher fina.

Sentou-se no banco um tanto desconfortável e aguardou o momento da sessão. Não vira nada semelhante ao que encontrou na roça de Mercedes. Havia ali uma singeleza que beirava a austeridade. Nenhum quadro nas paredes, nada de imagens nem velas. Apenas um discreto cheiro de ervas pairando no ar, como se fosse algum perfume ou água-de-cheiro. Música suave, mais como uma cantiga, parecia vir de um outro cômodo, deixando Zuleika com as emoções à flor da pele.

Alguém se introduziu no ambiente quando já havia muita gente sentada e em atitude de oração. Dirigiu algumas palavras ao público, explicando o objetivo das atividades daquela tarde, e prontificou-se a conversar, depois da sessão, com quem tivesse alguma dúvida. Ao que tudo indicava, era o encarregado dos trabalhos ali. Em seguida, fez uma prece sincera e cheia de gratidão, abrindo os trabalhos. Um homem assumiu a frente do salão e começou a falar, discorrendo sobre Jesus e seu exemplo de bondade. Fez uma comparação entre as várias formas de ver Jesus, segundo cada religião, e mostrou como o espiritismo via a pessoa do Mestre. Citou nomes que Zuleika nunca havia ouvido: Allan Kardec, Alziro Zarur, W. W. da Matta e Silva, Chico Xavier, Madre Teresa de Calcutá. Os personagens foram desfilando na fala do homem como exemplos de espiritualidade e de indivíduos dotados de uma visão ampla da vida.

Novas perspectivas se abriam ao pensamento de Zuleika, que, a esta hora, já se sentia incomodada com seu jeito de se vestir e sua maneira "discreta" de estar ali, naquele ambiente. Sem que ninguém falasse nada, ela sentiu que em algum momento deveria mudar, principalmente quando fosse visitar uma casa de caridade onde se pretendia buscar espiritualidade. Uma a uma as pessoas foram chamadas para serem atendidas numa sala contígua, por meio dos médiuns, que, até então, ainda não vira. Ela ficava para depois, talvez a última. Será que precisava ouvir a pregação do sujeito e, por isso, não fora chamada ainda? Bem, até que estava aprendendo bastante a respeito de uma série de coisas que nunca pensara.

Quando já estava se conformando com a idéia de que não seria chamada para conversar com algum médium da casa, alguém apareceu numa porta à esquerda do salão e apontou discretamente para ela. Zuleika levantou-se — não sem chamar a atenção de todos — e dirigiu-se, humilde como ela só, para a sala de atendimento.

Esperava-lhe o espírito incorporado em seu médium. Pai João foi logo cumprimentando Zuleika feito alguém que a conhecia há muito tempo:

— Deus seja louvado, minha filha! Nego-velho estava lhe esperando há muito tempo. Que bom que você chegou hoje, num momento muito especial para sua vida.

Sem saber como se comportar na frente do espírito que falava através de seu médium, a mulher gaguejou algumas frases:

— Salve, salve! Vós é o espírito que vai conversar comigo? Eu não sei direito como falar com vós — usava um jeito diferente ao se referir à entidade.

— Fique à vontade, minha filha. Nego-velho é apenas um filho de Deus que foi designado para servir aos filhos da Terra.

Notando que Zuleika relaxara um pouco, o pai-velho conduziu a conversa, de modo direto:

— Você vem aqui em busca de ajuda para sua vida. Procura ajuda porque julga que tem alguém em sua companhia que está atrapalhando você, não é, filha?

Zuleika ficou boquiaberta com a revelação do pai-velho. Ela nem tivera tempo de dizer nada e já ouvia dele a respeito do tal espírito de que Mercedes lhe falara.

— Você também está cansada de alisar bancos de igreja e procurar ajuda para sua vida sentimental. Mas primeiro nego-velho quer lhe dizer, minha filha, que é preciso aquietar seu coração e trabalhar um pouco sua ansiedade. Se não, vai se tornar mais e mais amarga com o tipo de vida que vem levando. Vamos primeiro resolver o problema maior que a impede de ser feliz.

E, chamando um médium da equipe, pediu-lhe auxílio, junto com mais dois outros trabalhadores, a fim de abordar o caso de Zuleika. Deveriam os três ir a outro aposento e lá evocar o espírito que acompanhava a mulher.

Enquanto isso, o pai-velho continuava a conversar com Zuleika sobre suas decisões e escolhas em busca da felicidade:

— Você passa muito tempo pensando em ser feliz, minha filha. Enquanto pensa demais, a vida vai passando lentamente, sem que você perceba. Pensar é bom, mas deve-se ter o cuidado para não ter a cabeça cheia de boas idéias e conservar-se sem nenhuma realização, com as mãos vazias. Você escolhe tanto a pessoa com quem quer se casar que deixa passar ótimas oportunidades de se relacionar. Deseja uma pessoa que se enquadre em seu ideal, quer alguém que seja do seu jeito e vive buscando nos olhos de outras pessoas o tipo mais perfeito para ser aquilo que você denomina de alma gêmea. De que adianta escolher tanto e ficar só? Por que você não enfrenta a realidade de que os seres humanos são únicos, sem cópias? Assim, não ficará esperando alguém do seu jeito. Imagine, filha Zuleika, caso você encontrasse outra pessoa igual a você, com os mesmos gostos, os mesmos sentimentos e idêntica visão a respeito da vida... Esse relacionamento seria fadado ao fracasso, filha, ou vocês se tornariam dois seres em simbiose; seria uma doença emocional. Aprenda que, na natureza, as diferenças se complementam, se completam. Culpar a vida por um excesso de zelo de sua parte é imaturidade emocional.

— Mas, meu pai, então não é verdade que tem um espírito me atrapalhando a vida e a felicidade?

— Ah! Filha... E se a gente pensar de forma diferente? E se for você que estiver alimentando esse espírito com seus traumas emocionais, suas fantasias mais secretas ou com pensamentos tão voltados para seus desejos mais íntimos que o tal espírito tenha sido atraído para perto de você? Suponha ainda que esse excesso de emoções mal-resolvidas e essas idéias abrigadas em sua mente sirvam de alimento para a vida mental de alguma entidade, viciando o desencarnado em formas-pensamento dessa natureza. Então nego-velho pergunta: quem está atrapalhando quem? Pergunto mais, minha filha: quem pode acusar um desencarnado de alguma coisa, dizendo que não tem nada a ver com a situação, isentando-se de toda responsabilidade, como se o desencarnado fosse o único culpado pelo processo que acomete a pessoa?

Zuleika baixou os olhos evitando encarar o pai-velho, meditando no assunto, envergonhada.

— Espírito nenhum constrange nem obriga ninguém a fazer aquilo que a pessoa não traz, de algum modo, mascarado ou disfarçado dentro de si. O chamado obsessor somente realça aquilo que já existe dentro da pessoa, que o alimenta com pensamentos, emoções e desejos complicados. Se você não quiser nem deixar, nenhum espírito tem poder sobre você. Portanto, filha, deixe de culpar os outros, seja encarnado ou desencarnado, pela sua infelicidade. Até quando você baseará sua felicidade nas reações emocionais de outra pessoa? Pense nisso um pouco antes de ficar procurando culpados pela vida afora. Abra seu coração para viver com mais qualidade, aproveitando as oportunidades de ser feliz tanto quanto você pode.

— Sabe, meu pai — falou Zuleika. — Já fui em busca de muita gente para fazer trabalhos para mim, tentei arranjar um namorado ou um marido em igrejas, festas e em tanto lugar... É que tenho medo de morrer solteirona.

— Filha, não adianta gastar seu dinheiro com serviços de embusteiros, que pretendem trazer seu amor amarrado, em meia dúzia de dias. Mude o foco de sua atenção e deixe-se levar pela correnteza da vida. Caso funcionassem tais trabalhos, de que adiantaria você ter alguém ao seu lado sabendo que esta pessoa estaria ali apenas porque uma força estranha agiu, que não a sua própria, minha filha? Será que seu espírito ficaria tranqüilo tendo consciência de que esse amante poderia descobrir o que você fez ou encomendou, com vistas a deixá-lo preso a você? Que segurança você sentiria num caso encomendado?

"Nego-velho quer que você pense com muito carinho nisso tudo. Há muita gente no mundo precisando de amor e de ser amado. Tantas crianças aguardam o aconchego de um coração, tantos adultos abandonados circulam pelas avenidas da vida necessitando de consolo, carinho, coração e amparo... E você desperdiça essa capacidade de amar a troco de feitiços, quebrantos e trabalhos que lhe tragam aquilo que você mesma afasta de si com suas atitudes. Sabe, filha, muita gente encarnada no mundo possui um magnetismo bastante forte e se dá conta de que pode se nutrir emocional e financeiramente das crendices e superstições de pessoas simples. Empregue seus recursos com mais inteligência e pare de contribuir com esses vendedores de sorte, exploradores de felicidade e promessas vãs. É preciso que você se liberte de tais artimanhas, filha, que são fruto de emoções mal-resolvidas, do desespero existencial e de desejos frustrados. Viva sua vida e aprenda a olhar mais perto de você. Em geral, a felicidade que você procura distante e muito além está ao seu lado, bem pertinho, esperando que você a perceba..."

Enquanto o pai-velho falava com Zuleika a respeito de suas escolhas, de sua felicidade, dando elementos para sua reflexão, na sala ao lado os médiuns atendiam o espírito que a acompanhava:

— Ela é quem me persegue; e não eu, a ela — dizia a entidade incorporada num dos médiuns.

— Então por que você não a deixa e prossegue a vida, buscando sua felicidade? — perguntou um dos trabalhadores ao espírito.

— Eu bem que tentei, juro que tentei bastante. Porém, quando chega a noite, ela se liberta do corpo físico e sai como uma bruxa a minha procura, buscando me alcançar de todo jeito. Ontem mesmo ela saiu do corpo gritando meu nome! Exalava desejo e tinha um cheiro peculiar; um odor que lembra sexo, lascívia ou coisa assim. Fugi e me escondi dentro de uma igreja, onde julguei estar ao abrigo dela. Mesmo assim, ela me encontrou. Os pensamentos dela me alcançaram como tentáculos de um polvo gigantesco, como serpentes de uma Medusa dos infernos, e aí não tive como resistir.

— Mas você também não está contribuindo para a situação de infelicidade da moça? Além disso, es-

176

tando perto dela você não somente a influencia, mas também recebe a influência direta de seus pensamentos.

— No princípio eu a procurei na esperança de encontrar amparo em seu coração, sim, não posso negar. Afinal, fui pai dela e me sentia com o coração despedaçado ao morrer... ou desencarnar, como vocês dizem. Hoje em dia, no entanto, vejo-me prisioneiro dos pensamentos dela. Descobri apenas mais tarde que havíamos sido amantes, marido e mulher, antes da existência mais recente, como pai e filha. Logo que me aproximei dela, depois da morte, fiquei quase paralisado ao ver as imagens de nossas vidas passando em sua mente. Desde então, ela reacendeu o desejo do passado, duramente reprimido durante a última existência. Agora ela me culpa por não se casar. Ora, ela é quem não me larga e não se permite prosseguir num caminho novo, em busca da sua felicidade!

— Portanto, você gostaria de seguir avante, afastando-se dela e procurando por si mesmo sua felicidade, correto?

— Com certeza eu gostaria! — concordou o espírito imediatamente.

— Vocês estão vivendo uma espécie de circuito fechado entre suas mentes; um é prisioneiro do outro.

— Sei disso! Porém, nos poucos momentos de lucidez que tenho, vejo-me apanhado feito uma presa numa teia de aranha. Sinto-me apanhado numa emboscada, ameaçado, sugado ou vampirizado por ela, a filha que não me larga.

— Vamos ver o que se pode fazer para libertá-lo — tornou o trabalhador-terapeuta. — Pai João está falando com ela neste momento, e ainda na noite de hoje veremos o que fazer a fim de romper esse elo infeliz.

No aposento ao lado, o salão de atendimento, Pai João avançava no diálogo, que tinha por objetivo provocar reflexões em Zuleika. Ao final, propôs a ela:

— Esta noite, filha, ao deitar, faça uma oração. Mas reze do fundo da alma, com toda a fé que possui. Nessa prece, mentalize você mesma, minha filha. Procure ler o Salmo 91, mas não apenas recitar o texto a sua frente. Procure meditar em cada palavra, no significado daquilo que está escrito e, só depois, durma, sabendo que a visitaremos ao longo da madrugada.

— Deus seja louvado! Vai ter espírito em minha casa hoje à noite? Será que vou conseguir dormir sabendo que irão me visitar?

— Não se preocupe, filha, que você não nos verá. Será um sono sem pesadelos, sem sonhos, sem lembranças. Você apenas se sentirá bem, nada mais.

Após a conversa com o pai-velho, Zuleika retornou ao seu lar, agora com muitos elementos em que pensar. Não se remexia mais como fizera ao entrar no ambiente. Sentia vergonha de seu jeito, pois encontrara ali, naquele recanto de paz, muito mais segurança e simpatia do que esperava.

A noite descia lentamente e calma quando os espíritos João Cobú e Macaia se reuniam com o médium Tobias, já desdobrado.

— Preciso atender com urgência um chamado que nos foi encaminhado pelo Alto — principiou o pai-velho. — Guarda ligações com a situação espiritual da mulher que pretendemos ajudar. Deixarei você por algum tempo e o encontrarei na casa de Zuleika. Ferreira, o guardião, permanecerá o tempo todo com você. Fique atento ao que vir, mas não interfira até eu chegar. Precisamos de mais informações para poder agir com acerto.

O pai-velho deixou Tobias já na porta de entrada da casa de Zuleika. Dali prosseguiu com as medidas que julgava necessárias, juntamente com Macaia, a fim de poder melhor ajudar no caso que lhe fora encaminhado. Entrementes, Tobias dialogava com Ferreira, o guardião de noites anteriores, que ali já o aguardava:

— Podemos entrar na casa de Zuleika enquanto Pai João não vem? — perguntou Tobias ao guardião.

— Temos de ter cuidado, Tobias, pois não sabemos

com que depararemos no interior da residência. Refiro-me às companhias espirituais de Zuleika.

— Mas ela não é uma pessoa recatada, religiosa? Terá alguma companhia complicada por perto?

— Não sabemos, meu amigo. Por certo as pessoas religiosas deveriam ser as mais protegidas... Mas quem nos protegerá delas?

— Não entendo o que quer dizer — realmente Tobias não entendeu a ironia do guardião.

— Vamos lá, Tobias... Algum dia você entenderá. Penetremos o ambiente com cuidado. Em seguida veremos os detalhes.

Adentraram a morada da mulher que procurara ajuda e notaram, logo de início, que havia algo estranho no ar. Imagens e figuras bizarras pairavam na sala de estar, parecendo orbitar em torno do quarto ou em sua direção. Eram imagens mentais plasmadas por Zuleika, fortemente imantadas ao ambiente doméstico.

— Coisa estranha, Ferreira — falou Tobias sem entender nada do que percebia. — Nunca vi nada igual durante os desdobramentos.

Eram imagens relacionadas a sexo, a relacionamentos íntimos, com impressionante riqueza de detalhes. Sem dúvida, poderiam arrebatar qualquer um para vivências nessa área. Até porque eram vívidas, extremamente envolventes. Caso não houvesse concentração nos objetivos do trabalho e disciplina mental — até mesmo obstinação — da parte do médium, aquele lhe seria um ambiente vedado, para sua própria segurança. Impregnada às paredes, uma gosma violácea escorria lentamente até o chão. Forte cheiro exalava daquela substância, cuja lembrança teimava em emergir da memória de Tobias, muito embora ainda não estivesse claro a que se referia aquele odor. Seria algum perfume?

Os dois se dirigiram ao aposento onde repousava o corpo de Zuleika. Ela estava quase em sono profundo. Sobre seu corpo físico, que estava de barriga para cima, havia uma duplicata exata de si, porém com o rosto voltado para baixo, como que beijando a si própria, imóvel, parada. Assim que o guardião entrou, acompanhado de Tobias, viram um vapor esvoaçar sobre os dois corpos, o físico e o etérico — a duplicata ou duplo de Zuleika. O fluido semelhante a fumaça parecia ganhar consistência enquanto os dois examinavam-na sobre a cama. A emanação formava lentamente uma imagem quase idêntica a Zuleika, não fossem as distorções da forma. Ela estava em processo de desdobramento do corpo astral. Porém, que aparência!

A mulher religiosa permanecia deitada sobre a cama, vestida de maneira sóbria. O perispírito, no entanto, desprendera-se com trajes sensuais — ou melhor, lascivos —, embora o aspecto fosse o de uma vampira decadente, de alguém que tivera sua conformação perispiritual deformada. Seu perfil lembrava o das bruxas esquálidas e maquiavélicas dos antigos contos de fada, o que não combinava com o corpo físico, que sugeria idade entre 20 e 23 anos. Igualmente degenerados, os braços pendiam estranhamente do corpo astral e apresentavam mãos desfiguradas e dedos cadavéricos, com unhas grandes e pontiagudas. Os cabelos que compunham o quadro horripilante eram esparsos, como se tivessem caído da cabeça extrafísica, revelando partes perfeitamente visíveis do couro cabeludo. Zuleika-espírito rodopiava sobre o corpo somático, espumando e babando como se estivesse em meio a uma convulsão severa. Mas não.

— Juvenal!... — gritou várias vezes a plenos pulmões, exigindo a presença imediata de alguém invisível. Tobias ficou com os olhos arregalados e amparou-se no guardião.

— Venha, miserável! — prosseguiu a criatura em franco desequilíbrio. — Você não me escapa. Tentou me enganar dizendo que era meu pai e agora, que descobri tudo, você é meu, inteiramente meu! Zuleika-espírito saiu do quarto grasnando feito louca em direção à sala. Não podia atravessar as paredes e então optou por cruzar a porta que separava os aposentos. O guardião Ferreira acompanhou-a, juntamente com Tobias, que assistia à cena assustado. Evidentemente, ela não os podia ver, em parte devido à distância vibratória, mas, sobretudo, ao fato de que estava obcecada, cega, com a atenção voltada exclusivamente à perseguição de Juvenal, o pobre infeliz.

Levantando as mãos esquálidas, indicando lhe faltarem forças, a mulher desdobrada tateava o ar, como se estivesse à procura de uma presa, à maneira de uma fera completamente irada. O odor no ambiente aumentou sobremaneira. As imagens mentais que exalavam da aura de Zuleika desdobrada eram impregnadas de fluidos de ordem sexual e libidinosa. Já não havia como confundir a natureza das formas-pensamento que gravitavam em torno dela.

Num canto da sala, o espírito de Juvenal, amarrado por uma coleira que mais parecia um apetrecho sadomasoquista, estava acuado, gemendo, soluçando.

— Me solte, Zuleika! Pelo amor de Deus, me solte! Eu preciso respirar, preciso sair daqui...

— Pensa que pode me deixar? Ou por acaso acredita que eu o deixarei? Vamos os dois para o altar, meu bem... Será meu para sempre!

Segurando o pobre espírito pela coleira, levantou-o vagarosamente, enquanto, a longos haustos, absorvia de seus chacras os fluidos que lhe roubava. Passivo, Juvenal parecia perdido em meio àquilo tudo. Era prisioneiro daquela que fora sua própria filha na última existência. Ambos viviam e morbidamente se alimentavam um do outro. Ela literalmente cravava os dentes no espírito, mordendo-o lentamente, à moda vampiresca, como se quisesse apropriar-se de seu sangue; na falta deste, entretanto, esgotava as reservas vitais ainda restantes no perispírito de Juvenal. Ao terminar o festim doentio, antes que iniciasse outro ato criminoso, dava gostosas gargalhadas, embriagando-se visivelmente naquela espécie de droga que saciava seu instinto infernal.

Neste exato momento, João Cobú adentrou o ambiente junto com Macaia e mais um espírito. Pai João trouxera a mãe de Zuleika, desencarnada, que se prontificara a interferir. Quem sabe poderiam reverter o processo?

Ao deparar com sua filha desdobrada usurpando as energias do próprio genitor, aquele que fora seu companheiro, Alzira falou com lágrimas nos olhos:

— Zuleika foi, no passado, dona de um cabaré, uma casa de prostituição numa vila espanhola. Pobre Juvenal, por diversas vezes submeteu-se a seus caprichos em outras experiências reencarnatórias. Quando retornou na última encarnação, trazia a meta de ampará-la como filha no intuito de, exercendo papel de autoridade, modificar o quadro infeliz ao qual se lançara em outras vidas. Mas faltou-lhe vontade e determinação. Juvenal abusou sexualmente de Zuleika durante a adolescência da filha, fazendo com que eclodissem em sua mente as lembranças do passado. Tão logo eu soube desse fato, não resisti, e a morte levou-me num momento complicado da vida dos dois.

O espírito da mãe chorava ao ver a cena da filha vampirizando Juvenal. João Cobú a amparou nos braços, serenamente.

— Vamos interferir agora, Alzira. Não se aflija. Creio que o momento é propício, pois, ainda que de maneira incipiente, Zuleika tem renovado seus pensamentos e refletido sobre o que ocorre consigo.

— Pois é, meus amigos, induzi Zuleika a me prometer que não se afastaria da religião, pensando que, com isso, ela seria amparada. Vejo que não adiantou.

Quando Alzira se pronunciou, Zuleika parou em meio ao ato que realizava, buscando tatear o pensamento que a atingia.

— Mãe?! — gritou Zuleika desdobrada, soltando sua vítima e desviando dela a atenção.

Neste instante, João Cobú deu um sinal para Ferreira e Macaia, a fim de que interferissem. Os dois espíritos, aproveitando o lapso de lucidez de Zuleika, tomaram Juvenal nos braços e o libertaram das amarras fluídicas, levando-o a outro ambiente.

— Mãe!! É você?

O espírito trazido por João Cobú aproximou-se da filha, deixando as lágrimas descer como águas que lavavam o perispírito deformado de Zuleika. Abraçou-a, aconchegando-a a si.

— Mãe! — começava a soluçar a mulher desdobrada. — É você, minha mãezinha? Por que você me deixou com ele? Eu tinha de me defender, mãe...

Sem que a filha a visse, pois estavam em dimensões diferentes — embora no mesmo plano astral —, Alzira abraçou-a ainda mais, falando, entre prantos:

— Filha, querida, não faça isso com seu pai! Sei que ele errou, e errou muito, porém após eu partir foi ele quem cuidou de você, a educou e alimentou. Ele traz a consciência culpada, Zuleika, tanto que procurou até o fim de sua vida, a seu modo, reparar o mal que lhe causou. Perdoe, minha filha amada, liberte seu pai...

As lágrimas de Alzira caíam sobre o corpo espiritual desfigurado de Zuleika. As duas pareciam se fundir, molhadas em pranto. Enquanto isso, João Cobú apenas olhava, orando. Pedia em sua prece:

— Povo de Aruanda, Mãe Santíssima, tomem esta filha em seus braços de misericórdia e façam com que ela possa ter consciência da importância deste momento para sua vida eterna...

À medida que as lágrimas de Alzira caíam sobre a

filha, sua forma perispiritual gradualmente se modificava. Não retomou completamente a conformação do corpo físico, no entanto não trazia mais estampada a imagem da bruxa, da vampira de energias. Era mais humana, quase harmoniosa a aparência de Zuleika. Ainda abraçadas, aos poucos ambas se acalmaram, e João Cobú, neste momento, conseguiu magnetizar Zuleika, fazendo-a adormecer fora do corpo. De nada ela se recordaria, mas com certeza acordaria modificada intimamente, com novas disposições.

João Cobú conduziu Zuleika a um recanto natural, junto a matas e cachoeiras, promovendo seu contato com energias ao mesmo tempo revigorantes e calmantes. O pai-velho comandou um exército de elementais das águas para que realizassem profunda limpeza no corpo psicossomático de Zuleika, removendo placas ou cascões de energia sexual deletéria que se viam aderidos a seu perispírito, sua aura.

— Caboclos da mata virgem e da mata fria! — rezou o pai-velho. — Trazei o sumo das ervas do reino e vinde descarregar esta filha de Terra dos fluidos daninhos.

Dois caboclos se prontificaram a atender a evocação feita por João Cobú. Ao longe Alzira observava a filha projetada na dimensão astral sendo amparada e medicada pelos mestres na manipulação das energias da natureza. Os dois espíritos trouxeram extratos de ervas em forma astral e etérica semelhante a um emplastro, depositando-o sobre o corpo perispiritual de Zuleika, que dormia profundamente sobre a superfície de águas tranqüilas. Ela parecia balbuciar algumas palavras sem nexo enquanto recebia os cuidados dos espíritos do bem. Os extratos de ervas ou bioplasma trazidos pelos especialistas da natureza — o grande laboratório divino — absorveram lentamente grande parte das impurezas acumuladas no psicossoma de Zuleika. O bioplasma sem dúvida surtia efeito, pois as criações mentais que gravitavam em torno da mulher desdobrada pouco a pouco estouravam como bolhas, liberando certa fuligem que ali mesmo dissipava-se nas matas e águas do *reino*, conforme Pai João denominava os sítios naturais.

Após o processo levado a cabo pelos benfeitores, Zuleika foi reconduzida ao corpo físico, que ficou sob a vigilância atenta de sua mãe desencarnada. A partir de então, Alzira permaneceria ao lado da filha, ao menos por algum tempo, visando ampararlhe com orações, energias e fluidos benfazejos.

Tobias acompanhara Juvenal juntamente com Macaia e o guardião Ferreira. O espírito subjugado fora encaminhado diretamente a um posto de socorro na esfera extrafísica. Mais tarde, ele se recuperaria e então deveria retornar à tenda de Pai João para receber um choque anímico, liberando-o de certos fluidos e imagens mentais nos quais estava mergulhado, devido ao sentimento de culpa.

— Veja, Tobias — comentou Macaia. — Nem sempre, ao se queixar de perseguição espiritual, as pessoas têm razão nas reclamações. Repare como Zuleika a um só tempo se vingava do pai e mantinha-o prisioneiro de seus caprichos e desejos.

— Não entendo, Macaia. Zuleika era uma mulher religiosa...

— Muita gente se esconde na religião, Tobias, em vez de adotar a postura ética que sua filosofia inspira e de dedicar-se à busca por espiritualidade. Trocam *espiritualidade* por *religiosidade,* e esta, no fundo, para grande parte dos adeptos, representa fuga e não realização. Ignoram o fato, mas sua motivação é fugir do passado culposo registrado na memória espiritual, que os compele a entregar-se a cultos exóticos e religiões salvacionistas. Inconscientemente, objetivam sufocar recordações dolorosas em práticas e rituais religiosos. As pessoas procuram esconder-se de si mesmas; contudo, ao dormir, libertam-se dos limites estreitos do corpo e se revelam em sua realidade nua e crua. Irrompem os desejos mais secretos, íntimos, inconfessáveis durante a vigília física, cuja vazão se dá durante o desdobramento pelo sono. Soltam-se as amarras sociais e quedam-se as convenções humanas; como espíritos, embora ainda encarnados, avidamente perseguem o objeto dos seus clamores reprimidos. Visitam os ambientes que, quando acordados, afirmam abominar. A religião muitas vezes apenas mascara a realidade espiritual e energética dos indivíduos.

Macaia, Ferreira e Tobias retornaram para a casa de Zuleika, onde encontraram João Cobú novamente em oração. Era hora de liberar as energias ali acumuladas, fazendo uma limpeza energética eficaz — agora no ambiente doméstico.

— Devemos ensinar Zuleika a fazer uma limpeza com ervas de cheiro.

— Posso passar a ela algumas informações, se o senhor me permitir — falou Tobias, ainda desdobrado.

— Veremos, meu filho. Será necessário conduzir nossa filha novamente até o nosso recanto fraterno. Assim que ela acordar se sentirá melhor e, com certeza, terá vontade de voltar à tenda. Lá, você terá condições de indicar o modo adequado de usar as energias das ervas para promover uma limpeza energética intensa em sua casa.

Os espíritos benfeitores retornaram à Aruanda, a dimensão espiritual à qual estavam ligados, enquanto Tobias era levado ao corpo físico para prosseguir com as atividades de sua vida social.

"O vento soprou lá nas matas, jogando as folhas da Jurema no chão. O vento vai soprando, as folhas vão caindo, caboclo vai apanhar folha no chão."

Ponto de caboclo

7

Fitoterapia da Aruanda

A noite seria muito especial. Os filhos de Pai João ou os trabalhadores daquele recanto se reuniriam para ouvir do pai-velho algumas informações a respeito das terapias energéticas. Mais precisamente, discorreria sobre as ervas, seu poder de absorção e outras propriedades que lhe são associadas. Todos haviam preparado suas perguntas, a fim de escutar, nas palavras simples da entidade, as indicações e os ensinamentos que lhe favoreceriam as tarefas no dia-a-dia.

— Hoje em dia, meus filhos — principiou o pai-velho —, por todo lado, ao redor do globo, observa-se um surto de progresso, de busca por espiritualidade, mas também há um reacender do misticismo. De modo geral, as pessoas dão mostras de estar cansadas diante de tantas promessas vãs no que tange às simples coisas da vida, como as entendem políticos e administradores das nações do mundo, tanto quanto vêem com descrédito o constante vaivém da ciência. Nessa caminhada à procura de satisfação, entregam-se ao misticismo, ao religiosismo e às religiões salvacionistas. Estas pretendem resolver os problemas das massas de um instante para outro, porém, conservando a população ignorante das idéias renovadoras a respeito de espiritualidade. Fazem sua parte, embora sem ser este seu objetivo central, ao tirar multidões das garras do materialismo e das conseqüências desastrosas das drogas e de outras verdadeiras prisões mentais. No entanto — deu maior ênfase às suas palavras — temos de considerar, filhos, que cada ser humano tem em si uma identidade espiritual, e é a partir dessa identidade de natureza energética que ele empreende sua busca, sua caminhada. Não há como violentá-lo

194

em sua visão de mundo e da vida.

— Como fica nossa fé, Pai João, em meio a tantas formas de expressar a religiosidade e a espiritualidade? — perguntou Tobias.

— A fé está dentro de cada um de nós, filho. Aqueles que têm fé — porém não de maneira requintada, e sim mais simples — são os místicos de todas as épocas. A fé mais trabalhada, aliada à inteligência ou à razão, é atributo daqueles que questionam, pesquisam e deduzem suas observações da realidade que experimentam. Credos, religiões, seitas e confrarias ou fraternidades existem como classes de uma grande escola espiritual, que é o planeta Terra. Nessa escola, ninguém está mais adiantado do que outro, apenas a linguagem ou o vocabulário serão mais ou menos adequados ao tipo espiritual ou à identidade energética de cada aluno.

Notando que dava elementos de reflexão para a platéia de ouvintes atentos, o pai-velho continuou:

— Podemos afirmar, sem correr o risco de sermos religiosos por demais, que a fé é a base de toda a procura pela ciência e pela espiritualidade. Ou — quem sabe? — pela busca da ciência espiritual. Com a fé, acreditando, pode-se utilizar dos elementos da natureza para restaurar a saúde. Por meio da fé, associada ou a partir de certos conhecimentos, é possível recuperar a auto-estima das pessoas, insuflar maior qualidade de vida à sua caminhada espiritual. Através da fé, a água adquire propriedades terapêuticas, os cristais ampliam as energias emanadas por uma mente que crê, ou, ainda, as cores podem ser empregadas como fonte de energias que harmonizam meus filhos. Pessoalmente, nego-velho acredita que a fé é o grande elixir que faz com que os métodos terapêuticos alcancem o efeito desejado. E, quando nego-velho fala de fé, não se trata de simples crença induzida por mentes alheias ou vivenciada apenas na esfera social e cultural. Nego se refere a uma fé que é operosa, que investiga e que se amplia na medida exata em que as investigações se convertem em convicções pessoais, em ciência da alma.

— Meu pai — perguntou um dos trabalhadores. — O senhor poderia nos falar como são os laboratórios do mundo invisível, onde os guias preparam os medicamentos, as poções e tudo aquilo de que se utiliza para a cura das pessoas na Terra?

— Bem, meu filho, há no invisível uma diversidade muito grande de metodologias, cada uma delas de acordo com o perfil psicológico dos filhos que necessitam de ajuda.

"Existem, então, os laboratórios que trabalham exclusivamente com os remédios que meus filhos denominam de alopatia, ou seja, com substâncias químicas extraídas da natureza, com radiação de minerais e outros produtos ainda desconhecidos pelos homens de ciência do mundo. Não se pode pretender curar tudo apenas com aquilo que na Terra se convencionou chamar de *natural*. Embora os produtos químicos também provenham da natureza, as pessoas mais esotéricas ou aquelas que são mais radicais em seu pensamento religioso desejam tratar as enfermidades estritamente com remédios que considerem naturais, desprezando ou relegando ao segundo plano as conquistas da ciência na área da alopatia. Os laboratórios do mundo invisível consideram e muito as conquistas da ciência, de modo que nenhuma terapia séria poderá menosprezar tais substâncias, que, ao longo dos séculos, têm podido contribuir sensivelmente para a restauração da saúde de meus filhos na Terra. Espíritos altamente comprometidos com o equilíbrio do ser humano têm incentivado, desde os institutos de pesquisa do invisível, a investigação e o aprimoramento dos recursos alopáticos. Levam a cabo estudos altamente especializados, relacionando o tipo psicológico das pessoas que desenvolvem certas enfermidades e o uso de medicamentos alopáticos, radiações minerais e diversas metodologias tidas, por muita gente preconceituosa, como antinaturais.

"Há laboratórios nos quais se exploram os aromas da natureza, tais como os conhecem no mundo físico, além de outros que meus filhos ignoram. Alguns são especializados em homeopatia; outros, em fitoterapia, e outros, ainda, no uso de cores, aromas, sumos, frutos e flores. Na verdade, observa-se uma variedade dificilmente mensurável no que toca às nuances e especialidades desses laboratórios do lado de cá da vida. Nos últimos 50 anos, têm-se multiplicado as pesquisas da ciência espiritual e energética acerca das emanações de plantas em geral, metais e minerais do planeta.

"Também por aqui se empregam pipetas, bicos de Bunsen e outros instrumentos similares aos encontrados no mundo físico, tais como discos de ouro e outros elementos. Na realidade, os laboratórios da Terra é que são a cópia daqueles que temos do lado de cá. Grande número de cientistas, durante o sono físico, visita centros de pesquisa da erraticidade para aí dar seqüência a seus estudos, devido às limitações inerentes aos métodos do mundo material. Muitas vezes, ao acordar após estas experiências, trazem intuições e promovem descobertas que tão-somente traduzem o conhecimento armazenado na memória espiritual."

— Então vocês dispõem de grande variedade de estudos para ajudar o ser humano, não é assim? Em que mais se concentram esses conhecimentos desenvolvidos no mundo espiritual? — tornou a perguntar Tobias, interessado no assunto.

— Por aqui, meu filho, estuda-se de tudo, a depender do interesse do espírito e da necessidade dos habitantes tanto do mundo físico quanto do extrafísico. Cirurgias mediúnicas, sua técnica e sua eficácia, ou simplesmente curas psíquicas, são aqui investigadas por cientistas da alma — e não somente por espíritos espíritas e médiuns. Uso de plantas ou ervas, magnetoterapia, bioenergia, ectoplasmias e até mesmo as chamadas poções mágicas dos xamãs aqui são escrutadas com zelo e dedicação pelos representantes da ciência espiritual. Nada é menosprezado.

"Contudo, na prática, pequena parcela das técnicas é canalizada de maneira eficiente pelos terapeutas e sensitivos na Terra. Muitos captam intuições a respeito de algumas práticas terapêuticas, mas acrescentam suas próprias idéias, seu *achismo*, sua imaginação e, por encontrar pessoas altamente crédulas, acabam fazendo escola ou proselitismo, à semelhança de uma religião qualquer. Transformam o processo terapêutico numa iniciação cheia de ritos que vão do exótico ao misterioso, com práticas nada científicas. Nem sequer se ocupam de separar aquilo que provém de sua mente ou de suas crenças pessoais daquilo que é o objetivo real da terapia empregada. Como resultante, temos indivíduos bem intencionados que tentam fazer o melhor; ocorre, porém, que seu melhor vem recheado de idéias particulares, às quais querem conferir o *status* de necessárias e importantes. Para tanto, emprestam certo sentido religioso, esotérico, iniciático ao processo, ou simplesmente imprimem a ele característica ou selo pessoal, tornando complexo e sofisticado algo que deveria ser simples e bem mais eficaz, até porque teria também um efeito educativo.

"Feliz ou infelizmente, temos de trabalhar com os limites e maneirismos das pessoas encarnadas. Isso nos obriga a adaptar a ciência espiritual ao jeito de cada terapeuta, na esperança de que mais dia, menos dia os homens amadureçam e comecem a pensar, a raciocinar, sem se deixar levar por idéias esdrúxulas."

Respirando profundamente, o pai-velho prosseguiu, aprofundando suas observações:

— Vamos falar das ervas, meus filhos, que é o que mais de perto temos como trabalho terapêutico. No mundo, as observações dos estudiosos dedicados ao assunto já evoluiu bastante. Em razão disso, a intenção aqui é descrever apenas *um* método, de modo algum o mais correto entre tantos disponíveis. Nego-velho não vai abordar o uso ritualístico das ervas, conforme se adota no candomblé ou na umbanda. Isso nego deixa a cargo dos chamados mestres e sacerdotes de tais religiões. Nego-velho quer falar aos meus filhos de uma metodologia que une diversas práticas e que facilita a identificação das ervas mais apropriadas aos trabalhos e desafios que encontramos cá em nossa tenda.

"No universo há dois tipos de força ou de particularidade da energia. Aquilo que os nossos irmãos chineses denominam como *yang* ou pólo positivo, e o que eles identificam como polaridade negativa, complementar ou simplesmente *yin*. Essas duas particularidades da energia referem-se respectivamente ao que é ativo, positivo, masculino e ao aspecto feminino, passivo, negativo. Isso, apenas em termos de polaridade ou de caráter emocional; não há qualquer juízo de valor implícito nessa divisão.

"Nego-velho quer apresentar uma classificação das ervas de acordo com essa ótica, ou seja, à moda taoísta de entender os aspectos da energia. Portanto, não esperem que este pai-velho relate ou comente a maneira como se faz nos terreiros ou nos barracões de religiões de procedência africana ou influenciadas pela mãe África. Nego prefere associar os ensinamentos oriundos do continente africano, que os negros trouxeram e que se desenvolvem amplamente na América, às pesquisas e conhecimentos adquiridos nos altos estudos realizados nos laboratórios do invisível. Isso visa possibilitar aos meus filhos a adoção de um método simples, porém eficiente, quando lidam com a natureza e os recursos de cura que oferece.

"Obedecendo a essa divisão, as ervas podem ser agrupadas em duas categorias distintas. De um lado, positivas, ativas ou *yang*; de outro, negativas, passivas ou simplesmente *yin*, se não houver objeção da parte de meus filhos quanto aos nomes. Os filhos poderão observar que a maioria das plantas com tons fortes, tais como verde-musgo, verde-bandeira ou verde-escuro, mais intensos, são exatamente as de característica positiva ou ativa, isto é: *yang*, de acordo com a terminologia chinesa. Igualmente, as de cor laranja, vermelha e amarela com traços avermelhados. De modo oposto, aquelas que apresentam coloração verde-clara ou esmaecida, bem como amarelo-clara, azul e qualquer outra tonalidade mais suave pertencem à classe negativa ou passiva — *yin* — e são ótimas para trabalhar emoções, sentimentos e intuições."

Interrompendo o pai-velho em sua explicação, um trabalhador perguntou, afoito:

— Mas como podemos aprender a colher a erva certa de acordo com a necessidade da pessoa?

— Primeiro é preciso identificar outros aspectos das ervas, meu filho. Por exemplo: toda erva que tenha a terminação pontiaguda ou que exala um cheiro forte, intenso, possui a propriedade absorvente, tais como: arruda, guiné, alho, samambaias em geral e outras mais. Assim sendo, caso meus filhos queiram fazer algum procedimento para absorver energias densas, contagiosas e de natureza muito inferior, prefiram esse tipo de planta.

"No entanto, há aquelas ervas aromáticas de cores suaves ou vibrantes, porém que exalam cheiro agradável, semelhante ao de manjericão, poejo, menta, erva-cidreira, capim-de-aruanda e outras, que, além de assimilar elementos emocionais ou emoções densas de ambientes domésticos, favorecem um estado de consciência mais harmonioso, saudável. Esses vegetais agem diretamente no plexo solar das pessoas, limpando energias densas e acalmando em profundidade. As energias ou fluidos exalados pelas chamadas ervas-de-cheiro atuam na intimidade do sistema nervoso, no hipotálamo, conforme observações nos laboratórios da erraticidade. Estimulam aí certos elementos químicos do cérebro humano, de maneira a causar estados conscienciais agradáveis, como melhor auto-estima, dispondo o indivíduo à vida com maior qualidade. Os aromas cítricos de determinadas ervas, frutos ou mesmo flores vibram em sintonia com emoções superiores, liberando toxinas mentais, etéricas e físicas, favorecendo também estados de saúde mais harmônicos."

Sorrindo para o trabalhador, que ficou satisfeito com

as explicações do pai-velho, João Cobú prosseguiu:
— Entretanto, é necessário examinar a forma de retirar as ervas de seu *habitat* natural. Para isso, meus filhos, temos de ficar atentos ao seguinte. De forma alguma, ao ser utilizada para fins terapêuticos, a erva pode ser colhida na madrugada ou à noite, isto se quisermos aproveitar ao máximo suas propriedades medicamentosas e fluídicas. Mesmo que não haja sol e o dia esteja nublado, deve-se colher desde a alvorada até o momento do pôr-do-sol ou ao entardecer, antes de cair a noite. Mas não basta obedecer a esse critério; há cuidados adicionais: as ervas só devem ser apanhadas respeitando-se o fluxo do fluido vital ou do *bioplasma*, se quisermos ser mais exatos. Pela manhã, até aproximadamente as 9 horas, quando os raios solares ainda estão no processo de aquecimento da morada dos homens, colhem-se apenas raízes, pois é aí que o fluido vital ou bioplasma das plantas se concentra. Desse momento até mais ou menos as 15 horas, podem-se apanhar folhas e flores para uso da medicina espiritual ou terapia energética. Durante esse período, em que o sol irradia com maior intensidade seus raios revitalizadores, a vitalidade circula mais vigorosamente nas extremidades da porção exposta, acima do chão. Somente após as 15 horas tira-se o caule, pois este é o horário em que o bioplasma inicia o processo de "descida" em dire-

ção à terra, energizando o caule das plantas. À noite se dá o repouso do bioplasma; durante o período noturno, a vitalidade manifesta-se apenas o suficiente para manter a vida orgânica da planta.

— Então não tem efeito colher as plantas de qualquer jeito, em horários diferentes do que meu pai indica?

— Não é bem assim, meu filho. Podem-se colher as ervas em qualquer horário, sim; contudo, não se aproveita a seiva energética ou bioplasma, que obedece ao fluxo da energia solar em todos os reinos da natureza. Apanhando-as sem levar em conta esse fluxo, apenas os elementos de sua constituição química serão extraídos, mas de forma alguma a vitalidade.

— E quanto às ervas secas, elas servem para finalidades terapêuticas, meu pai?

— Ainda aí temos de considerar qual propriedade terapêutica se pretende explorar. Caso a busca se resuma aos elementos químicos, que favorecem exclusivamente a saúde física, então as ervas secas atenderão. No entanto, se o objetivo é extrair os elementos fluídicos, etéricos e mais dinâmicos que oferecem, as plantas são destituídas de tais elementos no processo de secagem, ao longo do qual a energia vital é corrompida ou alterada. Muito embora haja, mesmo com as ervas secas, uma maneira de fazer o bioplasma retomar seu fluxo natural, nego-velho só pode ensinar essa técnica quando meus filhos avançarem no estudo sobre bioenergias e magnetismo. Sem amplo conhecimento do magnetismo não há como alterar o fluxo energético e vital das plantas.

— E quanto à forma de preparo das ervas, meu pai? Devem ser administradas sempre por meio dos banhos ou existe outra maneira que ainda não conhecemos?

— Quando há indicação para uso de banhos, meus filhos hão de convir que é o meio mais fácil de usufruir das substâncias terapêuticas e energéticas das ervas. É um recurso que está ao alcance de qualquer pessoa. Porém, ao se prepararem banhos de imersão (como, por exemplo, se faz com a camomila, indicada para estresse, ansiedade e ainda crises de pânico), não é adequado ferver a água juntamente com as ervas. O melhor método, o mais eficaz é, após a fervura, apagar o fogo e somente então adicionar as ervas, deixando-as em repouso até o chá esfriar ligeiramente. Depois de alguns minutos de *decocção* — é esse o nome do processo — as ervas devem ser retiradas da água, restando apenas o sumo e as propriedades medicamentosas e energéticas. Aí, sim, o produto está pronto para ser usado para banhos de imersão, para aspersão ou outra coisa qualquer, de acordo com a prescrição, inclusive como chá fitoterápico.

"Caso tais cuidados não sejam tomados, corre-se o risco de surgir alergia ao elemento material, sem relação com o extrato ou fluido. Reações indesejadas podem ocorrer ao menos de duas maneiras: tanto em razão da fervura de determinadas ervas, quanto devido à falta de coagem, isto é, por causa do contato direto da erva com a pele. Na última hipótese, o processo alérgico pode-se estender por semanas.

"Há ainda, meus filhos, outra forma mais requintada e também muito eficaz de explorar os recursos bioenergéticos das plantas. Para quem tem acesso a tais meios, é possível retirar a essência, o extrato ou a tintura da erva, respeitando determinado fator que nego-velho por ora não deseja explicar. Para fins de terapia energética, primeiramente deve-se subtrair da tintura o componente alcoólico comumente empregado em sua elaboração. Em seguida, despeja-se a tintura em um recipiente com água, de preferência advinda de cachoeiras, olhos d'água, fontes naturais preservadas, do mar ou simplesmente coletada durante as chuvas. No frasco onde o extrato foi misturado à água, o ideal é que haja um dispositivo para aspergir o conteúdo no corpo, em forma de gotículas, como se fosse um chuvisco que caísse sobre a pessoa, após o banho de higiene. A água com as substâncias medicamentosas e energéticas deverá ficar em contato com a pele por algum tempo, sem enxugá-la, a fim de que absorva os fluidos acumulados na água após a adição da tintura."

— Então não é somente através de banhos que se pode aproveitar os recursos fluídicos das plantas?

— Não, Tobias — respondeu o pai-velho. — Como disse antes, o banho é a forma mais simples, consagrada por nossos ancestrais e ao alcance da maioria. Todavia, os tempos mudaram, e nada impede que a técnica seja aperfeiçoada. Ao manipular as ervas, o importante é preservar suas propriedades terapêuticas de natureza sutil, a fim de que sejam absorvidas no contato com a pele humana. Vendo por essa ótica, pode-se lançar mão de outro método, ainda mais eficaz, porque a pessoa consegue permanecer mais tempo em contato com os extratos herbáceos.

— E qual é esse método, meu pai?

— Calma, meu filho, que nego-velho vai explicar e você verá que é algo bastante simples. Imagine se tiver uma banheira ou similar cheia de água e o produto obtido com a infusão das ervas puder ser nela derramado? Aí a pessoa em tratamento entra na banheira, imergindo naquela solução, e ali permanece por um tempo maior em contato com o líquido que contém as propriedades terapêuticas. Naturalmente, o sujeito receberá assim benefícios em mais alto grau do que simplesmente se deitasse a água sobre o corpo por alguns segundos. O contato prolongado com os elementos curativos das plantas produzirá efeitos bem mais rápidos e duradouros, devido ao aumento da exposição e, conseqüentemente, da intensidade de absorção dos fluidos presentes no líquido.

— Ah! Pai João... Então não precisa jogar a água sobre o corpo durante o banho, como a gente é ensinada a fazer? Podemos mergulhar na banheira com o líquido dentro?

— Bem, meu filho, nego-velho corre o risco de ir de encontro aos ensinamentos de muita gente que se diz especializada. Mas, como disse antes, nego não visa trazer ensinamentos de acordo com o que é difundido nos barracões de candomblé nem tampouco em consonância com o método tradicional de alguns irmãos umbandistas. Portanto, permite-se alargar um pouco a visão de meus filhos a respeito do assunto, ampliando pontos de vista.

O tema estava interessante, e as pessoas ali presentes, ávidas por maiores detalhes acerca da fitoterapia sob a perspectiva de uma ciência espiritual destituída de misticismos, preconceitos e apêndices acrescentados pelos homens ao longo do tempo. Pai João sentia-se à vontade podendo contribuir com sua visão a respeito do assunto.

— Também temos de considerar outro aspecto, meus filhos, que diz respeito à atitude daquele que interage com os recursos que ora analisamos. No trato com as fontes de energia vital do planeta, a oração funciona como precioso instrumento, que, arregimentando a força do pensamento e da fé, age sobre os fluidos dispersos ou concentrados na natureza — ou nas plantas, em particular, que constituem nossa matéria de estudos de hoje. Quero dizer mais claramente que, durante o processo de maceração, o ato de pedir aos espíritos da natureza que ajam nos elementos curativos das ervas e extraiam o bioplasma de modo mais intenso incrementa sobremaneira os resultados atingidos. Na prática, é quase imperativo conectar-se com as forças superiores que administram os destinos da humanidade, as quais detêm os recursos da ciência espiritual e o conhecimento de fluidos e bioenergias. Esse é um fator que não deve ser desprezado jamais. Cabe aqui um alerta, porém. Nego se refere à oração verdadeira, ou seja, a ligar-se deliberadamente ao Alto como uma técnica eficaz de mobilizar elementos em favor da cura, e não de recitar palavras ao vento, da boca para fora, apenas para cumprir um rito qualquer.

— E será que meu pai poderia nos indicar algumas fórmulas, visando ao uso de ervas ou de sua força fluídica para atenuar certas dificuldades?

— Meu filho, nego-velho sente-se imensamente feliz em poder ajudar. Se não houver questionamentos e interesse, nego interpreta como se todos já estivessem satisfeitos com o que sabem. Mas quando meus filhos perguntam e demonstram desejo de aprender, então os espíritos se sentem honrados em esclarecer.

"Antes de prosseguir, nego-velho quer deixar claro que aquilo que vai ensinar não deve ser interpretado, *de maneira alguma*, como substituto à orientação médica. Muita gente precisa mesmo é da alopatia, com seus recursos mais agressivos, a fim de debelar os males do corpo. Não adianta usar fitoterapia e homeopatia quando se está diante de uma infecção ou inflamação aguda, que ocasiona dor ou limitação de alguma espécie. Para esses casos, a melhor saída é a prescrição médica convencional, com seus antibióticos e antiinflamatórios, embora também haja remédios ditos naturais com propriedades terapêuticas que apresentam bons resultados.

"De toda forma, ficar sentindo dor enquanto se tem à disposição excelentes drogas desenvolvidas pela medicina é, acima de tudo, indício de preconceito e de falta de auto-amor e auto-estima, e não sinal de suposta espiritualidade, como geralmente julga quem defende tal atitude como opção por uma vida mais natural. Não se deve fazer do emprego de quaisquer terapias uma religião, muito menos sectária e fundamentalista, que não admite colaborações diversas que concorram para igual e sagrado objetivo: o bem-estar do ser humano. O médico que rejeita toda abordagem que escapa à alopatia sem sequer examiná-la erra tanto quanto o naturalista radical, que professa sua crença nas terapias que elegeu de maneira excludente.

"A dor, a infecção e a inflamação devem ser combatidas imediatamente com os recursos clássicos da medicina, e, durante o tratamento ou mesmo prévia e posteriormente, é possível acompanhá-los com ferramentas acessórias, que aumentem a imunidade. Como se vê, os recursos fitoterápicos são muito mais coadjuvantes e complementares do que substitutos para os instrumentos da medicina tradicional."

— É, Pai João, conheço muita gente que padece de sérios problemas de saúde, com infecções ou dores fortes e se recusa terminantemente a usar medicamentos alopáticos. Querem se curar estritamente com remédios naturais, fitoterápicos, homeopáticos e outros semelhantes. E ainda inventam uma filosofia da dor para dar suporte à sua decisão...

— Pois é, meu filho — comentou o pai-velho. — Temos de desenvolver o bom senso e aprender que a dor não nos leva a lugar nenhum, a não ser à revolta. É necessário cultivar o bom senso ao lidar com muita coisa na vida, inclusive com a própria saúde e a alheia. Nego-velho chega a acreditar que o terapeuta que se recusa a indicar o tratamento convencional e recomenda somente o uso de métodos que vê como naturais enquanto o consulente ou ele mesmo sentem dores, de duas, uma: ou se acha num estado grave de limitação de suas atividades, ou não merece respeito como terapeuta do espírito. A ciência *holística* (como o próprio nome diz, *hólos*: do grego, *todo*) engloba *todas* as metodologias, e não somente as que se convencionou serem chamadas de naturais. Por isso, nego repete: bom senso nunca é demais. Tem gente que quer ser mais espiritualizada do que Deus exige! Adotam tom de voz manso e macio e métodos "alternativos" como se fossem os únicos eficazes. Na verdade, estão desprezando as bênçãos que a vida lhes oferece; não podem se queixar. Definitivamente, não é esse o comportamento que pai-velho quer incentivar ao ensinar estas coisas para meus filhos.

Depois de discorrer sobre o assunto, o pai-velho prosseguiu, introduzindo conceitos e fazendo ressalvas ao conteúdo ou às dicas que emitia, a pedido dos trabalhadores de sua tenda.

— Em segundo lugar, nego-velho quer observar mais alguns pontos acerca das indicações que fará.

"As fórmulas que vou passar aos meus filhos devem ser utilizadas com discernimento, e não como uma panacéia, isto é, uma substância mágica capaz de erradicar qualquer mal. Não é como cura, e sim como auxiliares ao tratamento de meus filhos que pai-velho recomenda tais remédios. Além disso, entendam que, se não houver mudança de hábitos e reeducação das emoções e dos pensamentos, grande quantidade dos males que se pretende debelar retornará após algum tempo, e, freqüentemente, em grau mais alto.

"Notem, meus filhos — disse, com entonação mais grave. — No que tange às fórmulas de fitoterapia que nego-velho vai transmitir, deve-se prestar atenção aos detalhes e cumpri-los à risca, pois trata-se de uma *fórmula*, que apresentará resultados compatíveis com o esperado apenas se devidamente seguidas todas as instruções. Vamos enumerá-las, para facilitar a compreensão de meus filhos. Para o preparo dos banhos de imersão que nego-velho indicar a partir daqui, valem as seguintes regras:

"1. Obedecer sempre à proporção de 2 litros para infusão de 50g de flores ou ervas indicadas.

"2. Quando houver essências florais, devem ser acrescidas ao líquido na medida de 30 gotas para cada 2 litros. Os remédios florais podem ser: de Bach, de Gaia, de Minas, californianos, australianos, entre outros.

"3. Aquilo que nego chamará de essências ou extratos especiais deve ser adicionado numa proporção de 10% do líquido, ou seja, 200ml para cada 2 litros.

"4. Os demais itens se referem ao uso de minerais. As pedras para os elixires necessariamente permanecem todo o tempo submersas quando guardadas. Exige-se água mineral para o mergulho e repouso das pedras, a qual precisa ser trocada após a elaboração de cada elixir.

"5. Todo elixir usando minerais preferencialmente será confeccionado após a pessoa responsável haver se higienizado, tomando seu banho de asseio, tendo feito também suas preces, buscando conexão com a dimensão superior. A idéia é a pessoa se ligar ao elemental correspondente àquele plano específico da natureza que será manipulado — no caso, o reino mineral, representado pela pedra.

"6. Depois de orar, pode-se colocar uma música para favorecer a harmonização mental e emocional. Somente concluídos esses preparativos é que se devem iniciar os procedimentos propriamente ditos para produzir os elixires, nos quais se pretende fixar a força natural dos elementais.

"7. Depositar as pedras na água, conforme indicação, empregando para tal um vidro transparente, cristalino e incolor, de modo a receber os raios do Sol ou a luz do luar, novamente a variar de acordo com a prescrição.

"8. Durante o processo, ministrar passe magnético longitudinal no vidro onde estão contidos a pedra e o líquido, imantando-os com o magnetismo animal, que apenas o ser humano possui.

"9. Caso a instrução determine exposição ao Sol, deixar durante todo o dia até aproximadamente as 17 horas ou até o momento em que se prenuncia o ocaso, a depender da região. Recolher e repetir a exposição por mais duas vezes, isto é, dois outros dias.

"10. Se a indicação for para submeter à luz do luar, expor o recipiente apenas quando a noite estiver completamente instalada, ainda que não se veja a Lua. Retirar antes do alvorecer, portanto mais ou menos às 5 horas, a variar de uma localidade para outra.

"11. Prestar especial atenção ao que a fórmula determina: se o conteúdo deve ser exposto à luz solar ou às influências lunares, pois são vibrações bem distintas. Aquela é positiva, *yang* e ativa, enquanto esta é passiva, negativa e *yin*.

"12. Em ambos os casos é necessário magnetizar por meio de passes longitudinais, como explicado no item 8. Idealmente, essa operação se realiza com número ímpar de pessoas: 1, 3, 5, 7 etc.;

"13. Por último, uma recomendação válida para flores, frutos, folhas, sementes, caules e raízes: todos devem ser preparados conforme a Lua especificada; porém, qualquer que seja a fase lunar, considera-se somente o período depois dos 3 primeiros dias da lunação. Dito de outra forma: a Lua pode ser nova, cheia, quarto crescente ou minguante, mas apenas do quarto dia em diante a fase torna-se favorável à realização dos procedimentos aqui descritos.

"Meus irmãos hão de se lembrar de que a Lua exerce influência muito marcante nas marés, no clima e noutros eventos da natureza, inclusive sobre o parto das mulheres e dos animais. Desse modo, ao se trabalhar com os instrumentos da natureza, não se pode menosprezar a intervenção energética e gravitacional que a Lua exerce sobre os fluidos."

Interrompendo o preto-velho, Tobias indagou sobre algo que fazia parte de suas dúvidas:

— Pai João, há alguns dias o senhor indicou para mim um elixir de prata. Nem perguntei antes, porque fiquei com medo de ser inoportuno. Mas o certo é que não consegui encontrar o tal elixir e fiquei com receio de incomodar o senhor com o questionamento.

— Pois é, filho, quem não incomoda não aprende. Não é assim? — o pai-velho explicava pacientemente. — Entenda que sempre, em qualquer fórmula que nego-velho indicar o uso do elixir de prata, quer dizer a prata coloidal, excelente remédio contra muitos males que afligem meus filhos. Portanto, basta adquirir a prata coloidal nas farmácias especializadas e adicioná-la à fórmula ou, conforme a prescrição, usá-la diretamente. Nego-velho vai tocar nesse assunto novamente, quando ditar algumas fórmulas. Por enquanto, só estou listando algumas diretrizes básicas a fim de facilitar para os meus filhos a manipulação dos remédios energéticos.

"Aproveitando a pergunta de meu filho, ainda sobre certas particularidades de elixires específicos. Toda vez que, em suas indicações, nego-velho mencionar o elixir de cristal de quartzo, será necessário ferver o quartzo durante 30 minutos antes de ser empregado na fórmula.

"Recomendações entendidas, vamos ao preparo de alguns remédios energéticos.

"Ao primeiro preparado nego-velho dá o nome de Águas-de-Cheiro. Lembro que as *essências especiais* e o *composto energético*, que aparecerão nas fórmulas a seguir, nego-velho ensinará a preparar em outra oportunidade.

Águas-de-cheiro

Ingredientes: Folhas e flores de alfazema e manjericão; *remédios florais*: Alfazema, Artemísia, Rosmarinus; águas de cachoeira e orvalho ou sereno; essências especiais.

Preparo: Lua nova.

Indicação terapêutica: Suaviza e tranqüiliza. Útil à revitalização das energias da aura. As propriedades etéricas dessas flores e folhas enchem o indivíduo de vitalidade, pois trazem elementos da natureza ricos em bioplasma, estimulantes das reservas fluídicas do duplo etérico. Ao mesmo tempo, agem no plexo solar, no nível emocional, liberando formas adensadas.

"O próximo remédio energético que vou descrever denomino Águas-de-Ísis, pois é inspirado numa fórmula semelhante, utilizada por alguns hierofantes do Egito antigo.

Águas-de-ísis

Ingredientes: Rosas vermelha e branca, flores de alfazema, hibiscos vermelhos e crisântemos amarelo e branco; *remédios florais*: Quince, Hibiscus,

Rock Water, Sempervivum, Orelana; águas de chuva e de cachoeira; essências especiais.

Preparo: Lua nova.

Indicação terapêutica: Libera o coração de mágoas e desperta o lado feminino, o sentimento, a intuição. Favorece a manifestação do auto-amor. Estimula pensamentos altruístas e eleva a freqüência vibratória do chacra cardíaco.

"O próximo remédio natural e energético deve ser administrado a pessoas que se encontram desvitalizadas, abatidas física e moralmente. Indicado como auxiliar no processo de recuperação de indivíduos que enfrentaram longos períodos de enfermidade ou processos de vampirismo energético, principalmente. A este remédio chamo Raio-de-Luz.

Raio-de-luz

Ingredientes: canela em pau, cravo e gengibre; *flores*: pétalas de girassol e rosas vermelhas; *remédios florais*: Sempervivum, Moutain Pride, Rescue e Buquê de 5 Flores; águas de fonte e de cachoeira; essências especiais e composto energético.

Preparo: Lua nova ou cheia.

Indicação terapêutica: Desperta a energia *yang*

e revitaliza, liberando substâncias etéricas densas, tanto do corpo físico como do duplo. Fortificante energético, que transfere a vitalidade das ervas e da essência para o corpo e a mente.

Tobias ouvia e anotava tudo, pois não queria perder as indicações de João Cobú, que, como sabia o médium, fora também médico em outra existência. Continuando, o pai-velho falou mais:
— Outro remédio energético que indico para certos filhos é aquele que denomino Chuva-de-Prata. Desde já, entretanto, peço aos meus filhos que não se atenham à nomenclatura. Chamo-os assim apenas para distinguir uma fórmula natural da outra, nada mais. Nenhum dos nomes tem qualquer sentido oculto ou esotérico.

Chuva-de-prata

Ingredientes: Rosas brancas, camomila, flor de laranjeira, alecrim e manjericão-branco; *remédios florais:* Momórdica, Star Tulip, Rosmarinus; águas de chuva e de cachoeira.
Preparo: Lua cheia e exposição ao sereno durante a noite, com o vidro aberto.
Indicação terapêutica: Libera energias nocivas

e toxinas do organismo, dilui ou atenua emoções densas e promove a harmonia da aura. Aumenta as defesas naturais e energéticas.

— Creio que devo frisar — continuou o pai-velho — que esses remédios energéticos não são para administração via oral, e sim como banhos, conforme explicado anteriormente. De preferência, banhos de imersão, semelhantes aos chamados banhos de ofurô, que se vêem em *spas* e clínicas atualmente. Ou seja, as fórmulas devem ser derramadas numa banheira de qualquer espécie, onde meus filhos procurarão relaxar ao longo de 20 a 40 minutos, no máximo. Na impossibilidade, faz-se o banho de aspersão, isto é, borrifando ao longo de todo o corpo os preparados líquidos. Durante os banhos de imersão ou após aspergir o produto sobre o corpo, na falta de banheira ou similar, meus filhos poderão ingerir o chá da camomila, indiscriminadamente, o que será muito benéfico para as emoções.

"Outra fórmula desenvolvida do lado de cá pelos espíritos responsáveis pela natureza é a Silvestre.

Silvestre

Ingredientes: Hortelã, espada-de-são-jorge, arruda, levante, canela, sementes de mostarda e mirra; *remédios florais*: Pink Yarrow, Buquê de 9 Flores, Manto de Luz, Crab Apple, Sulphur Flower; águas de chuva, de cachoeira, bem como água mineral gasosa natural ou sulfurosa; essências aromoterápicas verdes e silvestres.

Preparo: Lua cheia e exposição aos raios solares. Composto especialmente sob a ação dos elementais.

Indicação terapêutica: Auxiliar na limpeza do campo áurico e tratamento de emoções conflitantes. Liberação de mágoas e pensamentos recorrentes. Trabalha as energias de cura do duplo etérico. Bastante eficaz principalmente para quem lida com público em geral e com pessoas difíceis, portadoras de conteúdo emocional grave, tal como é a rotina de terapeutas e médiuns.

— Meu Deus, Pai João — falou um dos trabalhadores. — Existe tanta coisa que desconhecemos!...

— É, meu filho. E assim mesmo há quem critique a sabedoria milenar dos pais-velhos sem sequer experimentar, classificando tudo como pura fantasia e misticismo. Nego-velho espera que, ao menos, façam-se testes e análises antes de atribuir tudo ao domínio do fantástico.

"Mas vamos continuar mais um pouco, filho. Acredito ser possível passar mais algumas dicas para aproveitarem em seus trabalhos e, assim, não ficarem tão dependentes de orientação espiritual.

"O próximo remédio energético, nego-velho o chama de Águas-de-Hórus, apenas relembrando um preparado muito eficiente da Antiguidade.

Águas-de-hórus

Ingredientes: Rosas brancas e vermelhas, alecrim, manjericão, alfavaca, alfazema, girassol, mirra e levante; *remédios florais*: Rosmarinus, Aristolóquia, Holly, Chaparral, Floral de Emergência Australiano; *tinturas*: arnica, espinheira-santa e menta; águas de mar, cachoeira, chuva e fonte.

Preparo: Lua nova ou cheia.

Indicação terapêutica: Ideal para iniciados ou pessoas que estejam despertando para o caminho espiritual. Desperta o sentido do belo e do bem. Promove o aumento da freqüência vibratória dos chacras superiores e sensibiliza o psiquismo.

— Pai João — interpelou Tobias. — Conforme o senhor explicou, a pessoa pode apresentar excesso nas características de determinada polaridade energética, tanto com perfil de ansiedade, mais ativo, elétrico ou *yang* quanto, de modo contrário, evidenciando traços mais sensíveis, emotivos ou *yin*. Nesse caso, existe alguma fórmula indicada para auxiliar no equilíbrio energético desse indivíduo?

— Claro, filho — respondeu o pai-velho. — Tenho duas recomendações baseadas em observações e anos de estudo com os tipos citados. É claro que tais indicações, como as que fiz antes, não são fórmulas milagrosas, mas auxiliares. Apenas isso.

"Estes são os remédios energéticos que denomino simplesmente Yin e Yang, devido aos tipos de ervas empregadas.

Yang

Ingredientes: Espada-de-são-jorge, arnica, cravo, canela, sementes de girassol e de mostarda, picão, cipó-mil-homens, gengibre; água do mar, exclusivamente; *remédios florais*: Sempervivum, Pink Yarrow, Moutain Pride, que visam equilibrar as energias do indivíduo.

Preparo: Lua nova ou cheia.

Indicação terapêutica: Aumenta o tônus vital e combate o esgotamento energético. Trabalha as energias vitais do organismo, a *kundalini*. Estimula a libido e desperta o lado *yang*, ativo e positivo do ser. Combate dificuldade de concentração, dispersão mental e emoções mais afloradas ou intensas.

Yin

Ingredientes: Alecrim, alfazema, alfavaca, manjericão, rosas brancas e lírio; águas de cachoeira e de chuva; *remédios florais*: Linum, Manto de Luz, Rosmarinus, Hibiscus.

Preparo: Lua nova com exposição ao sereno.

Indicação terapêutica: É ideal para despertar o lado sensível, emocional. Suaviza o pensamento e as emoções fortes. Trabalha o lado *yin*, passivo e emotivo do ser. Para as pessoas elétricas, inquietas e ansiosas. Também é eficaz para pessoas hiperativas mental ou fisicamente.

"Por último, nego-velho vai ensinar a vocês um remédio energético muito indicado para combater insônia, como auxiliar no tratamento desse mal, que atinge milhares de filhos na Terra. Por isso, nego-velho o chama de Sonhos. De todas as fórmulas até aqui descritas, é a única que pode ser administrada como solução oral, ao recolher-se.

Sonhos

Ingredientes: Tinturas de capim-cidreira, maracujá e valeriana; *remédios florais*: Calmin, Passiflora, Valerian, Agrimony, Angélica (do Alasca); água mineral.

Dosagem: Tomar 30 a 35 gotas em um cálice de água ou no chá de camomila, antes de deitar.

Indicação terapêutica: Insônia.

"Como vêem, meus filhos — concluía o pai-velho —, há muito que aproveitar das ervas, em suas diversas modalidades de preparo. Entretanto, para saber se esse recurso funciona, você terá de experimentar primeiro, antes de sugerir aos outros o uso desses remédios da natureza. Não se esqueçam da oração, da fé e da mentalização de forças positivas durante o preparo e o uso. Assim meus filhos adicionarão elementos mentais nobres ao composto feito sob a influência dos elementais."

Encerrando o assunto nesse dia, Pai João despediu-se dos trabalhadores, deixando-lhes a incumbência de pôr ou não em prática os ensinamentos ali ventilados. Havia muito que ponderar a respeito.

"Quem não pode com mandinga não carrega patuá."
Ditado popular

8
Fundamentos da vida espiritual

— Pai João — iniciou Tobias, sendo porta-voz dos demais trabalhadores em seus questionamentos. — Ficamos sabendo que Zuleika havia procurado uma mãe-de-santo e a ela foi indicado que aqui viesse, por meio do jogo de búzios. O senhor poderia nos falar alguma coisa a respeito disso, meu pai? Quero dizer, a respeito da religião candomblecista, de modo geral?

— Meus filhos, primeiro é preciso aprender, antes de falar no assunto, que não devemos julgar os demais, sua forma de viver e seus costumes, de acordo com nosso padrão de comportamento ou de espiritualidade. Estudar os fundamentos de uma religião que não a nossa implica abstrair-nos daquilo que acreditamos e mergulhar no princípio e nas razões do outro; significa se dispor a ver o mundo sob a ótica do outro. Se a postura adotada não for essa, há grandes chances de se fazerem comparações, o que é desonestidade intelectual.

— Não entendi, vovô...

— Nego-velho explica, meu filho. Imagine se você tentar entender as religiões mulçumana ou budista sob o ponto de vista da doutrina cristã, ou mesmo por meio de comparações entre elas. Ao tomar a própria visão de mundo como referência, inevitavelmente você começará a estabelecer conceitos de certo e errado, bem e mal e coisas do gênero, que, diga-se de passagem, são criações que se originam, em larga medida, no pensamento judaico-cristão. Ou, melhor dizendo: o hábito de separar assim os fatos, à primeira vista, e sobretudo de forma maniqueísta, é bastante arraigado à cultura judaico-cristã e tem nela profundas raízes.

"A mesma consideração é válida quanto à conduta

adotada pelo observador[4] ao examinar as religiões de procedência africana ou descendentes delas. Se você for traçar um paralelo entre essas filosofias religiosas e a forma espírita de pensar e ver o mundo, também entrará no terreno espinhoso das comparações, o que acarretará a caracterização das religiões em estudo como obra das trevas, de espíritos inferiores ou coisa semelhante. Isso se não houver quem diga que são manifestações primitivistas ou de *baixo espiritismo,* abominável expressão que em si é um enorme equívoco. Por isso, antes de iniciar qualquer estudo a respeito do assunto, é melhor despir-se de preconceito e procurar enxergar, como um todo, a realidade cultural e social da África e de seus habitantes emigrados para o Brasil."

— Pelo que pude entender, primeiro é preciso com-

---

[4] Pai João de Aruanda, na verdade, não apresenta nenhuma novidade ao discorrer sobre a disposição necessária ao pesquisador quando analisa culturas e sociedades estranhas a si mesmo. O mérito de sua fala está em destacar algo que, apesar de ter sido aprendido pela antropologia — ciência que se dedica ao estudo das culturas — logo após as primeiras décadas de seu surgimento, no início do século XX, ainda dificilmente se vê entre religiosos. O meio espírita não é exceção. Sem sombra de dúvida é urgente que se aprenda a admitir a pluralidade de pontos de vista sobre a realidade espiritual para que a fraternidade esteja mais na prática e menos no discurso.

preender as origens, antes de nos iniciarmos nos chamados mistérios?

— Certamente é assim. Mas há outra ressalva a fazer, meus filhos, logo no começo. Como as diversas tradições de cultos africanos no Brasil passaram por inúmeras interpretações, seguramente se pode inferir que qualquer um — inclusive pai-velho, ao falar do assunto — corre o risco de transmitir muito de sua visão pessoal, de sua opinião particular. E a perspectiva adotada dependerá, sobretudo, da quantidade de preconceito abrigado no coração do indivíduo, bem como da menor ou maior abertura que tiver em relação às questões de ordem espiritual.

— Ah! Então só posso concluir que não estamos preparados para aprofundar nesses temas, meu pai. Ainda temos em nós muita má informação e má formação espiritual. Trazemos o preconceito arraigado no peito. Talvez, o senhor nos permita apenas alguns apontamentos — quem sabe? — bastante superficiais para que possamos introduzir nossos estudos a respeito do assunto.

— Nego-velho acredita, meu filho, que esse é o melhor caminho. É mais coerente. A tentativa de aprofundar-se no estudo das religiões africanas ou afrodescendentes sem pesquisar direto nas fontes fatalmente levará a pessoa a se deter em pontos de vista particulares, portanto sujeitos a erros graves. Se quiser aprofundar-se em qualquer religião, o ideal é pesquisar diretamente com seus representantes, e não com quem tenta estabelecer comparações sem deter o fundamento daquilo que pretende abordar. Mas nego-velho compreende sua curiosidade sadia a respeito do assunto.

— Meu pai, um dia o senhor nos falou que em outra existência já fez parte de um culto de candomblé. Será que não nos poderia esclarecer algumas dúvidas, sem querer importuná-lo com nossas perguntas? Também queríamos saber mais alguma coisa a seu respeito, seus projetos junto de nós.

— Estou aqui, meu filho, com o objetivo principal de quebrar os preconceitos e esclarecer o quanto puder as dúvidas dos filhos de Terra. Pessoalmente, assumo a aparência de pai-velho não porque ela esteja ligada às raízes da umbanda ou do candomblé. Escolhi me apresentar desta forma devido a um fator educativo. Pretendo, assim, contribuir para desmistificar certas idéias que se alimentam a respeito daqueles cuja procedência sociocultural é considerada mais simples. Em suma, é uma maneira de enfrentar o preconceito nas diversas esferas em que se apresenta, seja religiosa, social, racial, espiritual ou cultural. Na roupagem de preto-velho, também posso falar de verdades mais amplas e profundas com uma forma externa singela e uma linguagem ao alcance de qualquer classe sociocultural. Entretanto, como espírito, nego-velho guarda uma relação mais estreita do que se pode imaginar com a visão e as falanges do espírito Verdade, aquele que, no mundo, representa as verdades veiculadas pelas idéias espíritas.

Dando uma pausa, visando provocar reflexões, o pai-velho continuou:

— Não pretendo dar novas revelações a nossos irmãos umbandistas; também não desejo acrescentar nada ao corpo doutrinário da filosofia ou da teologia umbandistas. Nego-velho tem um mandato divino a ele confiado: explicar certos fenômenos, certas verdades vivenciadas em outras religiões sob uma ótica mais abrangente, possibilitando sua compreensão segundo a perspectiva espírita. Assim sendo, este preto-velho que fala com meus filhos não tenciona nem mesmo ensinar segundo as interpretações da doutrina espírita, mas sim divulgar conceitos espíritas, tais como imortalidade, mediunidade, reencarnação, leis morais e de causa e efeito.

— A gente vê que, como pai-velho, o senhor não usa cachimbo, não fala com palavras truncadas, não anda encurvado nem sequer se assenta num toco. Por que isso, meu pai? Não é usual a gente presenciar manifestações de pretos-velhos fazendo tudo isso?

— Como eu disse, filho, meu objetivo é essencialmente educativo: desbravar o conhecimento visando dilatar a mente das pessoas. O uso de cachimbos e outros apetrechos de fato é algo comum num culto umbandista. Porém, meu filho há de convir que Pai João neste momento não está num terreiro desta religião. Estamos numa casa em que se estuda e pratica a caridade, mas esta não é uma casa de umbanda. Tanto assim que não praticamos os rituais que lhe são próprios nem tampouco adotamos os instrumentos de trabalho típicos dessa religião, que pratica o bem e a caridade.

"Nego-velho procura ensinar os filhos a lançar mão de outras ferramentas — nem melhores nem piores do que aquelas com as quais se trabalha na umbanda. Apenas diferentes. Meu esforço consiste em mostrar como chegar às mesmas realizações a partir de outros recursos ou métodos de trabalho menos materiais (e, por isso, segundo nossa experiência, mais eficazes), que nos façam atingir os objetivos que temos em mente. Em resumo, não há como confrontar características entre uma e outra comunicação mediúnica sem levar em conta o contexto em que acontece."

— E quanto ao culto dos orixás, meu pai?

— Note, filho, que também tenho me dedicado à questão dos orixás apenas como um recurso didático-pedagógico, por entender que a riqueza e os pontos de conexão entre as culturas brasileira e africana oferecem muitos elementos para a compreensão do psiquismo humano. Minha abordagem relativa aos orixás é tão-somente voltada para dois aspectos.

"O primeiro deles diz respeito a seu valor simbólico e psicológico, inerente à própria mitologia, através da qual entendemos melhor a alma humana. O panteão africano e seu enredo é uma espécie de mapa ou síntese psicológica do comportamento humano. De modo análogo ao que ocorre com aqueles que estudam o zodíaco ou a mitologia grega, apreciada na academia e na escola psicológica clássica, nego acredita que, sob esse prisma, a análise da mitologia dos orixás pode facilitar o autoconhecimento e a relação entre os indivíduos, com a vantagem de haver identidade bem maior com a cultura brasileira, esse amálgama de raças e complexidades. Entenda bem que a nego-velho não interessa se os orixás são ou não seres conscientes da criação; nem quer entrar nesse mérito. Refiro-me a uma mitologia e ao significado, assim como aos símbolos psicológicos representados por esses personagens.

"Além disso, não vemos nos orixás seres imortais e muito menos santos com os quais devêssemos nos relacionar de forma a realizar um culto em seu favor. Nego encara Orixá como vibração. E é esse o segundo aspecto. Trata-se de usar a mitologia ou, mais precisamente, a figura dos orixás como uma espécie de guia ou esquema prático das diversas vibrações da natureza. Isso ajuda — e muito — no estudo dos elementais, por exemplo, e de sua relação com os respectivos redutos ou recantos naturais. Como usar e manipular os recursos sagrados da mãe natureza sem convencionar uma nomenclatura comum, que nos permita andar sobre um terreno único, onde se darão as conversas e trocas de informações e experiências? Há uma questão prática, de linguagem. E nego-velho pensa: Para que inventar um novo sistema, se já dispomos do panteão africano? E mais: por que não empregar a terminologia daqueles que se especializaram no estudo e no comando das forças da natureza ao longo de séculos e milênios?

"Como meu filho pode ver, nego-velho intenta abrir as mentes de alguns irmãos e filhos. Em vez de rejeitar outras crenças e interpretações só porque são desconhecidas e diferentes, que possam abraçá-las ao menos o suficiente para estudá-las e, quiçá, compreendê-las, desenvolvendo assim uma visão mais ampla. Apenas isso. Quem sabe aprendam elementos novos, extraindo algo de positivo e construtivo para aplicar e enriquecer a própria realidade?"

— Então, meu pai, que me diz a respeito dos rituais

do candomblé? — perguntou Tobias, retomando as questões com as quais iniciara a conversa com o pai-velho.

— É preciso entender, filho, que as religiões africanas não vêm do mesmo tronco histórico-cultural e espiritual do cristianismo. São tradições de origens distintas. Aliás, se quisermos extrapolar a metáfora, podemos afirmar que não são galhos da mesma árvore, mas espécies vegetais diferentes no grande bosque da verdade.

"Ter ciência disso é essencial para a compreensão da mitologia e do culto afro. A título de exemplo: não existe, nessas religiões, o conceito de bem e mal, tal qual é ensinado nas religiões de procedência cristã. A espiritualidade desses cultos, absolutamente respeitáveis em seus fundamentos, está intimamente associada a um ritual próprio, riquíssimo em significado. Tão variados quanto os homens que os interpretam, tais ritos são recheados de elementos materiais, que trazem um simbolismo merecedor de estudo por parte de pessoas sérias e de pesquisadores do psiquismo e dos agrupamentos humanos.

"Portanto, não há ponto de comparação entre um tipo de religião ritualística, cujos recursos pedagógicos são de ordem material — como a representação dos orixás em seus assentamentos, os atabaques, as velas, indumentárias e oferendas, entre outros apetrechos — e, de outro lado, uma filosofia religiosa de caráter eminentemente espiritual e metafísico, desprovida de elementos simbólicos cognitivos e representativos, como é o caso do espiritismo. Talvez a noção mais acurada que este nego possa transmitir para meus filhos acerca das nações do candomblé esteja associada às idéias divulgadas pela umbanda — embora sejam religiões distintas entre si, distantes inclusive na origem histórica, e que não devem ser confundidas em nenhuma hipótese. Não obstante, é inegável que a umbanda faz uma ponte, estabelece um elo entre conceitos como orixás e divindades africanas e o pensamento espírita, que versa sobre idéias como reencarnação, imortalidade, responsabilidade espiritual e social."

— E como o senhor vê a matança de animais que se realiza nesses cultos de origem africana?

— Tudo depende do ponto de vista a partir do qual se observam tais rituais, meu filho, que estão sujeitos, inclusive, a diferenças segundo seu autor ou executor. Nego-velho talvez veja a coisa por um ângulo pouco convencional. Embora reprove a prática de sacrifícios, eu a estudo, como qualquer estudioso, tentando vê-la sob as melhores lentes possíveis e procurando identificar sobretudo as razões que levam ao exercício e ao cultivo dessa tradição.

Segundo posso entender, meu filho, o costume de matar animais com fins ritualísticos é um resquício das religiões ancestrais, que caminham rumo a maior espiritualização ou compreensão da espiritualidade. É bom lembrar que, à época de Jesus, a própria sociedade judaica, berço do cristianismo, tinha o sacrifício de animais como regra de conduta ao adorar a Deus. E Jesus jamais censurou ou condenou tal costume em sua essência, pois sabia respeitar as tradições.

"Na umbanda, não há necessidade das oferendas animais, nem tampouco em nossa maneira particular de exercer a busca por espiritualidade, cá na tenda. Entretanto, alguns cultos de raiz africana também não realizam *matanças*, conforme interpretam meus filhos. Usam os animais apenas para sua nutrição, como a maior parte das pessoas faz no cotidiano. Assim como há abatedouros em todos os países que comercializam diversas criações para o consumo, muitos rituais diferem desse hábito apenas porque emprestam conteúdo místico a tal feito. Abatem o animal com um sentido maior de respeito e veneração à natureza, obedecendo a princípios de sua fé. Como a maioria dos habitantes do mundo, os praticantes de certos cultos de nação ingerem algumas partes do animal sacrificado ou abatido. As porções que julgam imprestáveis à alimentação — geralmente entranhas, asas, pés, pescoço e outros pedaços mais —, ofertam-nas de volta à natureza, em gratidão pelo dom maior, que é a vida. Tais adeptos costumam apresentar essas partes do animal sacrificado às forças representativas dos orixás, como que agradecendo pelo alimento, compartilhando as bênçãos adquiridas para a manutenção de suas vidas.

"Talvez, meu filho, essa seja uma visão diferente da que habitualmente se vê acerca daqueles que professam um culto diferente daquele a que estamos acostumados. Essa é sua forma de entrar em contato com as energias da natureza, a qual visivelmente remonta à vida tribal e ancestral."

Meditando um pouco em como prosseguir sem afetar as crenças de seus ouvintes, o pai-velho, logo após, complementou:

— Mas ainda aí temos de considerar a intenção. Para tanto, vale abstrair-nos da realidade contemporânea e analisar a questão novamente. Por exemplo: o homem na atualidade promove a briga de bois em alguns países, em nome de festejar as tradições, além de criar aves, suínos, caprinos e bovinos em geral para o abate. Tudo isso sucede em países ricos, ocidentais, que se consideram civilizados e, por vezes, arvoram-se em referência para os demais povos da Terra. Pois bem, justamente nessas sociedades democráticas e civilizadas, promove-se a matança de criações sem nenhum escrúpulo, e, apesar disso, tal ato é visto de modo absolutamente normal, natural e necessário. Por que não se combatem tais práticas, que nos matadouros ocorrem em larga escala e em dimensão muito mais grave, chegando a requintes de crueldade que não se vêem nos barracões e roças do candomblé?

"Nego não está defendendo o sacrifício de animais, que, como disse, não aprova. O que Pai João está querendo mostrar, meus filhos, é como é hipócrita a atitude de muita gente por aí, que se diz boa, religiosa e moralista, mas pretende censurar aqueles que executam determinados trabalhos dotados de um sentido bem mais profundo do que eles emprestam a suas realizações — até porque, no fim das contas, continuam se fartando de carne e vertendo o sangue de animais inocentes. Refestelam-se com o cheiro dos assados na churrasqueira e, ainda assim, insistem em criticar o aroma do incenso de outros, que tentam acertar em seu caminho espiritual. Pai João quer apenas induzir meus filhos a uma reflexão mais abrangente e profunda, de tal maneira que não se atirem pedras no próximo. Que se concentrem em tirar dos próprios olhos a trave que nubla sua visão mais seriamente que o argueiro no olho alheio, antes de condenar indivíduos que se distinguem por uma filosofia de vida diversa e pautam sua fé num saber milenar.

— Isso quer dizer, meu pai, que o senhor aprova esses rituais?

— Não é esse o mérito da questão, meu filho. O que nego-velho deseja ressaltar é o mau hábito de julgar os outros e de fazer comparações infundadas e a necessidade de sermos coerentes com aquilo em que acreditamos e que professamos. Falta muita coerência entre os seguidores do Cristo. Falamos mal da religião do próximo sem conhecer-lhe os fundamentos. Declaramos apressadamente que o outro está obsidiado ou assistido por espíritos inferiores, apegados à matéria; porém, no fundo, nossa atitude destoa da doutrina que afirmamos abraçar. Nossa forma de viver, nosso comportamento social, nossa conduta diária atestam muitas vezes contra aquilo que pregamos. É disso que nego-velho fala; é contra essa realidade que devemos nos precaver.

— E esse negócio de a pessoa ter de fazer o santo, dar oferendas e, assim, estar protegida contra as forças da maldade? Como o senhor vê isso, meu pai?

— Nego-velho é suspeito para falar desse assunto, meu filho. Como espírito, não vejo necessidade alguma de ninguém se submeter a práticas ritualísticas desse calibre, principalmente se agressivas ou de ordem mais material. Embora — enfatizava o preto-velho — eu seja o primeiro a defender o direito de quem quer que seja de agir, pensar, acreditar, cultuar e fazer aquilo que deseja. Como alguém que está comprometido com a mensagem e a visão libertadora do espírito Verdade, nego-velho trabalha pela libertação da consciência, pela iluminação interior através do conhecimento imortalista. Ciente de certos aspectos da vida espiritual, suas conseqüências e seu alcance, não acredito ser necessário, no momento atual da humanidade, sujeitar-se a determinados rituais, mesmo que pareçam imprescindíveis a muitos. Tudo é questão de evolução do pensamento.

"Quanto à crença de que fazendo isto ou aquilo a pessoa se protegerá, temos de rever também nossa visão a respeito de segurança energética e espiritual. É inócuo participar de processos externos na tentativa de obter segurança energética, assim como entregar-se a práticas que visam ao chamado fechamento do corpo, se a mente permanece em circuito fechado, numa idéia estacionária, sem iluminar-se, sem obedecer à torrente de progresso. É urgente convencer-se de que a maior segurança espiritual de qualquer um começa pela adoção de atitudes sadias, coerentes, nobres. Passa por uma postura íntima inequívoca, consistente com aquilo que se crê e se procura, bem como com a ética nas relações humanas. A partir dessa reeducação e da ampliação dos valores da alma, teremos a ajuda de espíritos comprometidos com nossa imunidade energética e mental."

O pai-velho foi muito enfático em suas palavras nesse diálogo com os trabalhadores de sua casa de oração. Outros filhos e tarefeiros externaram suas indagações com relação à segurança energética e às defesas pessoais.

— O senhor quer dizer que há necessidade de a gente desenvolver uma atitude mental sadia antes de procurar nos resguardar de energias contrárias? — expressou sua dúvida um dos trabalhadores.

Procurando palavras para se fazer melhor compreendido, João Cobú respondeu, lentamente:

— Pois é, meu filho, algumas pessoas se dedicam a fazer assentamentos de exu e a invocar a força dos guardiões, pretendem se imunizar com amuletos, pingentes ou patuás. Usam toda sorte de artifícios para ficar sob uma redoma de proteção energética. Ao assistir a essa busca desenfreada, nego-velho pensa simplesmente o seguinte. Se a pessoa está tão preocupada assim com sua segurança energética, quem sabe o que está sentindo não seja um reflexo da sua insegurança interna? De suas atitudes, que merecem ser recicladas com urgência, ou de sua conduta, que, de alguma maneira, a perturba por saber que está agindo de maneira contrária àquilo que se espera de alguém consciente da vida espiritual? Quem sabe?

"Nego-velho apenas levanta essa hipótese por notar tanta gente aparentemente boa defendendo a necessidade de se ter um gongá em certos locais que não têm esse procedimento como regra. Querem induzir outras pessoas a fazer assentamentos de exu, quando tal prática não se coaduna com a proposta espiritual do indivíduo ou de sua comunidade religiosa. Exigir isso do outro é equivalente a impor ao umbandista o abandono de seus rituais e suas práticas, de sua forma de exercer o culto, em favor da adoção de uma fé mais espiritualizada que a dele, conforme o entendimento parcial de alguém.

"Antes de tudo, deve-se perceber que a verdadeira segurança está, como eu disse anteriormente, na intimidade do ser. Os guardiões e as forças superiores do bem só podem trabalhar pelo indivíduo ou pela comunidade se ancorados no *comportamento* das pessoas, em sua conduta. Essa é uma realidade da qual ninguém poderá se furtar."

— Meu pai, com relação à segurança energética e à conduta que a promove, freqüentemente nos pegamos preocupados com as questões íntimas e as de nossa comunidade. Como devemos proceder ao abrir atividades de ordem espiritual? — perguntou um dirigente e pesquisador espírita, que resolvera acompanhar de perto os ensinamentos do pai-velho.

— Sem sombra de dúvida, inaugurar ou começar qualquer atividade de ordem espiritual sem estabelecer a segurança espiritual, sobretudo caso haja intercâmbio mediúnico, é complicado e perigoso — respondeu Pai João. — Primeiramente, é preciso conhecer quais espíritos integram a equipe responsável pelos trabalhos e os que, de modo particular, zelam pela segurança.

— Mas a maioria das casas espíritas não sabe sequer quem é o seu mentor, quanto mais ter acesso a esses espíritos! Muitos dirigentes afirmam que não é necessário saber quem compõe a equipe, que temos de confiar na espiritualidade...

— Pois é, meu filho. Nego-velho acredita que centro espírita sem espíritos é igreja. Portanto, vê com grande pesar tanta gente cheia apenas de boa vontade, tentando fazer o que pode. Ocorre que, em matéria de espiritualidade, boa vontade, sozinha, não basta. Há necessidade de conhecer, aprimorar o conhecimento. Por isso, é imperativo evocar os espíritos responsáveis pelos trabalhos, indagar, ser insistente com o objetivo de descobrir como funciona o planejamento espiritual da instituição. Para que haja uma relação transparente e de confiança entre encarnados e desencarnados, vocês têm de conhecer com quem trabalham. Isso é essencial!

"Existe muita gente e muito centro espírita ou tenda umbandista operando com obsessores disfarçados de guias e mentores. Infelizmente, é um fato, que, como espírito, observo em muitos lugares. Como combater isso?[5] Pai João acredita que é fundamental estabelecer uma relação clara, aberta e transparente através da mediunidade para se saber com quem trabalha e quais os planos de ação, as metas dos mentores em relação ao agrupamento e aos médiuns. E isso só é possível mediante diálogo, questionamentos e pesquisa junto aos espíritos. No âmbito da guarnição espiritual não é diferente. Se a casa deseja conhecer a identidade dos guardiões que amparam os trabalhos, só há um jeito: perguntando. Afi-

---

[5] Com relação à indagação do pai-velho, pode-se anotar que Allan Kardec adotou ao menos dois métodos. De um lado, esquadrinha a equipe espiritual, que nomeia com desenvoltura ao longo da obra da codificação, estabelecendo nitidamente o vínculo de cada qual com este ou aquele aspecto da filosofia e da ciência espíritas. De outro, praticou à exaustão o princípio de questionar sempre os espíritos. Afinal, foi de interrogações que o espiritismo nasceu. *O livro dos espíritos*, obra que funda a doutrina espírita, é composto *a partir* das perguntas formuladas por Kardec, retomando a forma de diálogos da filosofia clássica. Inúmeras vezes, ao longo de seus textos, o Codificador recomenda a elaboração prévia de questionários ao se tratar com os espíritos, em detrimento das comunicações espontâneas, que hoje se tornaram regra geral no movimento espírita.

nal de contas, como podemos confiar a qualquer um o comando energético de nossas atividades? Como entregar a um ser anônimo a guarda de nossos trabalhos? De que modo esperar resultados satisfatórios se ignoramos com que espíritos interagimos?"

— É, faz muita falta no meio espírita a prática a que o senhor se refere — tornou o visitante. — De toda forma, nas situações em que o dirigente dos trabalhos e os próprios trabalhadores conhecem a equipe espiritual, como fazer para aumentar as defesas e contribuir para o bom desempenho das atividades?

— Começando pelo começo, meu filho. Abrem-se os trabalhos com os guardiões, evocando-os para que possam assumir o comando energético e as defesas espirituais do lugar. Uma vez estabelecidas as defesas energéticas, faz-se a limpeza do ambiente, dos médiuns e dos trabalhadores e, logo após, formam-se os campos de força e de contenção. Para isso é importante conhecer técnicas avançadas de magnetismo, sem as quais não há como se preservar de energias discordantes.

Depois de ouvir atentamente as explicações do paivelho, o bom homem resolveu abordar outra face do conhecimento espiritual e da prática mediúnica:

— Algumas pessoas na atualidade têm se dedicado à prática de um tipo específico de reunião mediúnica. Dizem se chamar apometria. Como espírito e pesquisador da verdade espiritual, como o senhor vê isso, Pai João?

— Com muita boa vontade, meu filho. Contudo, tenho de observar algumas questões que merecem reflexão. Por exemplo, alguns entusiastas da apometria como técnica de desdobramento têm difundido que basta emitir um comando verbal acompanhado do estalar de dedos, e pronto: consegue-se o desdobramento de alguém. Ou que, com apenas alguns dias de estudo, um curso qualquer, todo candidato torna-se apto a mentalizar e dar comandos de energia ou pulsos magnéticos de grande intensidade.

"Nego-velho fica pensando como tem gente que vulgariza questões espirituais a tal ponto de julgar ser possível, mediante um simples estalar de dedos, obter resposta mental e agir sem empecilho no plano extrafísico. A única conclusão a que posso chegar é que muita gente perdeu a noção dos limites, o senso de autocrítica e quer resultados rápidos sem dedicação. Não há como manter a mente em sintonia ou arregimentar recursos para a criação de campos de força após poucos minutos de dedicação. A mente precisa ser adestrada por meio de exercícios regulares de criação mental para que se possa lograr êxito. Porém, nada disso é milagroso! A ninguém é dado agir no plano extrafísico com desenvoltura tão-somente pronunciando algumas palavras, estalando dedos, sem submeter-se a treinamento demorado, persistente e disciplinado. Só gradativamente, mediante prática contínua, é que se desenvolve tal força mental, tal capacidade de comando. Não ocorre como muita gente pensa, pretendendo obter esses predicados em apenas alguns dias ou meses de treinamento.

"Então, nego-velho vê com muito carinho esses esforços de meus filhos, entretanto acredita sinceramente que o assunto reclama bem mais estudo, disciplina mental e ainda muitíssimo estudo *antes* de iniciar atendimentos em qualquer grupo, despreparadamente; antes de mergulhar na vivência das questões mediúnicas e espirituais propriamente ditas.

— Não basta ter um integrante que conheça certos métodos de abordagem dos problemas humanos e algumas técnicas de apometria?

— Basta sim, meu filho. Basta para a derrocada espiritual do grupo e para a insatisfação de quem procura pessoas despreparadas. Se a finalidade é obter resultados concretos, passíveis de serem comprovados, deve-se acompanhar os casos, idealmente, a cada semana, procedendo a uma anamnese detalhada. Além disso, a equipe que se reúne para praticar apometria tanto quanto qualquer outra ciência ou técnica espiritual e que não se aprofunda no conhecimento espírita é um grupo fadado ao fracasso, embora a boa vontade de seus condutores.

"Já visitei muitos agrupamentos que se formam com o intuito de auxiliar, mas cujos integrantes não gostam de estudar. Tornam-se prisioneiros do fenômeno, mas desconhecem questões básicas a respeito da maneira de abordar os espíritos. Como não investem em aprender, conhecem muito superficialmente a fisiologia espiritual elementar; mal ouviram falar do perispírito e de sua relação com os fenômenos mediúnicos; ignoram as leis que regem o intercâmbio mediúnico; não têm ciência sequer das bases da ectoplasmia, do magnetismo, do duplo etérico, da força mental e de coisas semelhantes. Apesar disso, aspiram a qualquer trabalho que envolva apometria, mediunidade e assuntos correlatos.

"Encontram-se eufóricos com as desinformações que se divulgam sobre o assunto, acreditando que apometria é uma vara de condão que tudo resolve. Logo depois de fundar os grupos, afundam-se num mar de equívocos e melindres. Precisamos de muito estudo, meus filhos, de formar — e conservar — um grupo que fale a mesma língua, que persiga a homogeneidade constantemente."

Respirando fundo, como que a medir suas palavras, o pai-velho prosseguiu:

— Já presenciei certo grupo sendo guiado por um

operador que pronunciava expressões empoladas, tais como: "arcos voltaicos", "formações dimensionais da esfera superior", "formando campos do primeiro subnível" e outras pérolas do gênero. Enquanto falava, quase forçando os movimentos e agitando vigorosamente os dedos, os médiuns nem de longe sabiam o significado daquelas palavras. Posso dizer com segurança que nem mesmo o tal dirigente que inventara tais frases conhecia algo a respeito. Diante disso, nego pergunta: qual força poderá ser canalizada em prol de um objetivo que não é nem sequer compreendido?

"O que mais existe por aí, meu filho, são pessoas a forçar determinadas situações para que sejam vistas como expertas em alguma iniciação espiritual, em mediunidade e assuntos do espírito. Nessa tentativa frustrada, formam bandos de gente que não se entende entre si, mas que pretende ajudar indivíduos crédulos e incautos com uma ferramenta que, por sua própria natureza, merece maior aprofundamento, estudo e cautela. Aliás, boa dose de cautela não faz mal a ninguém."

— Pelo que se vê, aquilo que se pratica em muitas casas não é confiável. Correto, meu pai?

— Não é bem assim, meu filho. Nego-velho critica é a mania generalizada de querer formar grupos mediúnicos sem preparo nem estudo pormenorizado, demorado e profundo das questões espirituais. Há gente boa e com grande disposição, mas que atropela a razão com o coração e as emoções. Reúne-se, muitas vezes, um grupo de pessoas cheias de boa vontade, porém sem qualquer identidade espiritual; transcorridos poucos meses de estudos, ministrados somente uma vez por semana, julgam saber o suficiente e possuir os elementos necessários para abordar casos complexos. É disso que pai-velho está falando.

"Então, quando se pretende erguer uma defesa energética contando com o comando de alguém que imagina resolver tudo com um simples estalar de dedos, que negligencia o acompanhamento à pessoa após o atendimento, que não dá indicações nem palmilha, junto com o consulente, o caminho de sua reeducação mental e emocional, como se pretende ser levado a sério? Tudo é questão de coerência. E mais: atende-se um número enorme de casos em apenas uma reunião, como se fosse um serviço público de baixa qualidade ou uma linha de produção. Nesses locais, as pessoas não são vistas como seres humanos, mas como desafios para patrocinar a ostentação de grupos mediúnicos que não são capazes de solucionar os dilemas dos próprios integrantes."

Neste momento, dando por encerrada aquela conversa, o pai-velho acrescenta:

— Bem, meus filhos, vamos ao trabalho. Por hoje, nego-velho já deu a conhecer o que pensa a respeito de muitas questões. Espero que não vejam em minhas palavras algo com que sejam obrigados a concordar, muito menos o ponto final da questão. São apenas opinião de quem está aprendendo e estudando do lado de cá da vida. Afinal, nego-velho não é nenhum mestre, mas apenas um aprendiz da vida.

"... vêm cruzando os quatro cantos do espaço, os quatro cantos do corpo deste filho de Terra, tirando todo peso, todo mal e todo embaraço, que esse nego-velho Pai João de Aruanda vai levando pro mar negro, mar sagrado, onde não canta galo nem galinha nem chora filho de homem batizado."

Oração de Pai João de Aruanda

9
Remédio amargo

Os trabalhos práticos começaram após as pessoas serem recebidas e acolhidas pelos trabalhadores. Cultivavam bastante disciplina, tanto no que diz respeito ao comportamento dos trabalhadores como no andamento das atividades como um todo. O horário era respeitado, entre outros motivos, como forma de demonstrar consideração pelos benfeitores que atendiam na tenda de Pai João, os quais não poderiam ficar à disposição das pessoas devido aos compromissos assumidos em outras dimensões da vida.

O pai-velho mal havia se dirigido às macas onde atenderia aos consulentes, na companhia de outras entidades, quando foi interpelado por uma mulher que seria auxiliada naquele dia.

— Sou trabalhadora de uma casa espírita — começou a mulher. — Venho aqui pedir ajuda. Queria saber por que não me deixam trabalhar ministrando passes lá na casa que freqüento; parece que o pessoal de lá não me quer como voluntária.

— Minha filha, o que lhe traz aqui à procura de ajuda? — perguntou o pai-velho antes de responder ao questionamento que lhe fora feito.

Enquanto se deitava na maca, onde mais dois outros médiuns auxiliavam no processo de tratamento, a mulher relatou ao pai-velho:

— Tenho tosses constantes, meu pai. Parece que o pulmão está, de alguma forma, comprometido, e minha respiração, entrecortada.

— E mesmo se sentindo assim você queria ser admitida como passista numa casa de caridade?

— Pois é, meu pai. Um dia um espírito me falou — eu sou médium também, sabe? — que eu deveria trabalhar muito e que, mesmo me sentindo assim, eu poderia aplicar passes e ser médium de cura.

— Ah! Filha... Acho que esse seu mentor precisa é de oração. Veja que o conselho dele é algo muito questionável. Aliás, acho mesmo, filha, que você tem uma imaginação muito fértil.

— Como assim, Pai João?

— É que você só imagina aquilo que lhe interessa. Como você quer ministrar passes magnéticos se é vítima de si mesma?

— Não entendi!...

— Seu caso de pulmão é devido ao hábito de fumar, minha filha. Como pensa que pode oferecer fluidos balsâmicos para alguém se esse fluido está contaminado pelo uso do cigarro? Acha mesmo que um espírito sério lhe convocaria ao trabalho do passe sendo que suas energias vitais estão contaminadas pelo alcatrão e pela nicotina? Como ficariam as pessoas que recebessem suas energias ou os passes ministrados por você?

"Sabe, filha, primeiro você precisa dominar-se, adquirir controle sobre si mesma; só então poderá ensaiar o direcionamento dos fluidos através do passe. Como pretende manipular as energias da natureza utilizando o magnetismo curador se não consegue administrar um vício como o do cigarro, que lhe faz escrava? No mínimo, isso é incoerente. Antes de qualquer coisa, você precisa se cuidar, observando sua saúde com maior atenção, procurando assistência médica e, depois, após conseguir desintoxicar-se através de algumas terapias energéticas, precisa se submeter à orientação espiritual. Aí, talvez, quem sabe possa aplicar passes?"

Impondo as mãos sobre a mulher, sem tocá-la, o pai-velho havia conduzido o assunto para outro aspecto: a saúde daquela que o procurara.

Enquanto a mulher deitada na maca pensava no que lhe havia sido dito, o pai-velho voltou-se para um dos trabalhadores, que estava iniciando naquele dia o atendimento nas macas, e lhe disse:

— Antes de tentar qualquer abordagem com o consulente, meu filho, deve-se fazer uma anamnese detalhada daquele que busca orientação. Nada de atendê-lo sem preencher uma ficha com seu histórico, abordando os problemas tanto de ordem física quanto emocional, além de dificuldades espirituais de que eventualmente a pessoa se queixe.

Emocionado pela possibilidade de aprender diretamente com o pai-velho, Djalma, o novo trabalhador, falou sensibilizado:

— Há algum motivo para se fazer a anamnese antes do atendimento?

— Claro, meu filho. E não é só isso. A pessoa que busca orientação deveria assinar a anamnese. Isso evita que meus filhos sejam incriminados, caso ocorra alguma coisa fora do esperado. Com o documento arquivado por vocês, a pessoa não poderá dizer depois que foi submetida a um procedimento terapêutico contra a sua vontade. Além disso, nessa ficha individual teremos o histórico completo do consulente e o motivo de sua procura por tratamento. É um procedimento de segurança para vocês, no plano físico.

"Depois — continuou João Cobú, ainda se dirigindo a Djalma —, com objetivo de estabelecer ligação com a realidade energética da pessoa, toque levemente seu pulso. Nesse toque, procure perceber a pulsação dela, seu batimento cardíaco. Tal procedimento é importante para obter sintonia com o ritmo biológico do indivíduo. Não tenha pressa nesse momento. Procure adequar sua respiração ao ritmo respiratório da pessoa."

Pai João induziu Djalma a experimentar esse procedimento com a pessoa sobre o leito. Djalma concentrou-se, fechou os olhos, com as duas mãos segurando o pulso da mulher. Ao lado, outro médium acompanhava o processo, em oração. Incorporado em seu médium, João Cobú conduzia tanto o atendimento quanto o aprendizado do novo trabalhador.

— Lentamente procure sondar o interior da pessoa e sentir o que ela sente, meu filho.

— Sinto culpa de alguma coisa, meu pai. É como se

ela sentisse vergonha de algo que fez...

— Não precisa falar com a consulente, meu filho. Deixe o bate-papo para outro momento. Por ora, basta sentir, nada mais. Em seguida, os procedimentos terapêuticos devem ser indicados, tomando precauções para evitar o constrangimento da pessoa.

João Cobú assumiu novamente o atendimento da consulente, conversando com ela:

— Filha, seu caso é essencialmente de educação da vontade, ou melhor, reeducação de seu espírito. É necessário que continue o tratamento médico, pois nós, os espíritos, não viemos substituir a medicina. Nosso tratamento é complementar.

— Mas eu não quero tomar remédios alopáticos, Pai João. Eles são prejudiciais para nosso organismo...

— Minha filha — falou o pai-velho pacientemente.

— Mas você usa todo dia alimentos com vários aditivos, fuma cigarros que contêm inúmeras toxinas, ingere sua cerveja e outras bebidas mais, cheias de impurezas e produtos químicos e, apesar disso tudo, quer me dizer que não usa medicamentos prescritos pelo médico porque fazem mal?

— É que só gosto de coisas naturais, Pai João...

— Ah! Sei. Como os cigarros que fuma, as bebidas que engole... Tudo muito natural!

Sem esperar resposta da consulente, o pai-velho a despediu com o máximo cuidado, evidenciando preocupação com sua saúde:

— Bem, minha filha, façamos assim. Você retorne ao seu lar e faça muita oração para que possa abrir sua mente. Depois marque uma consulta com seu médico. Somente depois que estiver em tratamento e trouxer sua receita aviada, é que prosseguiremos com o auxílio terapêutico energético.

A mulher levantou-se da maca, não entendendo o que o pai-velho queria dela nem como fora liberada sem receber ajuda.

Voltando-se para o novo trabalhador, João Cobú falou antes que ele perguntasse:

— Não se assuste, meu filho. Cada um recebe a ajuda que precisa, e não a que quer. Esta mulher deve se submeter urgentemente ao tratamento médico. Ela está desenvolvendo um câncer, embora se recuse a fazer o que o médico orienta. Se nós a atendermos aqui, criará ainda maior resistência contra o tratamento prescrito por seu médico e ficará abrigando no coração esperanças de que vai se curar apenas com o tratamento espiritual. Não é esse nosso objetivo.

— Não podemos fazer nada por ela, meu pai?

— Já fizemos, filho. Mas ela não precisa saber disso. E terá muito que pensar por estes dias. Só a atenderemos novamente quando ela se conscientizar de que precisa da medicina da Terra. Aí entraremos com o complemento. Ainda aí, repare que nego-velho quer evitar problemas para vocês. Já imaginou se esta mulher entra numa crise de saúde durante o atendimento magnético, meu filho? Vocês podem ser classificados como praticantes de curandeirismo. Se, por outro lado, estiver sob tratamento médico, vocês estarão amparados legalmente, segundo as normas vigentes em seu país. Aí podemos entrar com uma avaliação energética e o complemento do tratamento.

Instantes depois, outra pessoa foi conduzida à maca, após passar pela avaliação dos trabalhadores, realizando-se a anamnese aconselhada pelo pai-velho.

Conduzida à maca, deitou-se em silêncio, em oração. O pai-velho aproximou-se, incorporado no médium, postando-se atrás da cabeça da mulher. Colocou suas mãos espalmadas sobre os olhos dela, ao passo que um dos médiuns assistentes auscultava-lhe através dos pulsos. Música suave envolvia a atenção da consulente, motivando um estado alterado de consciência.

Enquanto as mãos do médium de João Cobú permaneciam sobre a cabeça da mulher, o pai-velho, em espírito, acoplava instrumentos à forma perispiritual dela, atuando sobre certos órgãos de seu psicossoma. Realizava uma cirurgia sem instrumentos físicos. Rapidamente, produzia reações no corpo dela, através da manipulação fluídica nos chacras, no cérebro e mesmo na mente. Assim que fez a sua parte, o pai-velho orientou os dois médiuns que o auxiliavam:

— Usem do recurso magnético de que são portadores, meus filhos, e formem um campo abençoado de energias, de defesa em torno da nossa companheira. Esse campo de defesa energética deve ser fortalecido pelo menos uma vez ao mês durante o processo de tratamento de nossa pupila.

— E quanto aos demais procedimentos, meu pai? Podemos prescrever algo mais?

Incentivando a participação dos médiuns, de forma que não se tornassem dependentes dele, Pai João redargüiu:

— O que vocês prescreveriam, neste caso? Como agiriam, segundo o que têm aprendido?

— Bem, creio eu que ela precisaria passar por um tratamento de desintoxicação do duplo etérico e do corpo físico — respondeu Djalma. — E, para isso, aconselharia banhos de imersão semanais com o sumo de algumas ervas.

— E qual erva você empregaria neste caso, meu filho? — voltou a perguntar o pai-velho.

Olhando para o outro médium, que ficara em silêncio, Djalma discorreu com uma tranqüilidade de chamar atenção:

— Levando em conta a característica de certas ervas, eu indicaria arruda, levante e pinhão. Acho que serão suficientes para a desintoxicação. Porém, depois que tomar pelo menos três banhos de imersão, poderíamos acrescentar ainda dois ingredientes. Quem sabe o manjericão e a camomila como chás? Afinal de contas, ela precisa trabalhar emoções que favoreçam sua recuperação.

— Pois bem, meu filho — observou o pai-velho, sorridente. — Então faça o que tiver de ser feito. Mas não se esqueça do principal.

— Posso falar, meu pai? — interrompeu o outro médium, que até ali se mantivera calado.

— Não precisa pedir licença, meu filho. Estamos no trabalho como auxiliares do Cristo.

— Acho que o principal seria motivar uma reflexão sobre o que levou esta enfermidade a se desenvolver. Talvez lhe seja benéfico ouvir palestras em nossa tenda ou em algum outro lugar e refletir bastante para evitar que a enfermidade volte a se manifestar. Enfim, mudança de atitude.

Dando-se por satisfeito com seus dois colaboradores, João Cobú terminou o atendimento:

— Isso mesmo! Fico contente que estejam estudando as lições que temos compartilhado em nosso remanso de paz. Creio que não dependem de eu estar incorporado para prosseguirem no atendimento.

Ambos os médiuns conduziram a mulher ao aposento anexo, onde ficaria repousando por algum tempo antes de sair do ambiente, enquanto outra pessoa era direcionada para a maca, então desocupada. Assim que se deitou, conduzida por um assistente, a mulher disparou, pois mal conseguira manter-se calada até ali:

— Meu marido me deixou, meu pai. Acho que ele arranjou outra mulher. Aposto que tem feitiçaria, alguma macumba, na certa. Será que o senhor poderia me mostrar quem fez esta macumbaria toda contra mim?

— Minha filha, Deus seja louvado. Aqui nós estamos atendendo casos de saúde, filha. E como você nos pediu ajuda para problemas orgânicos, pois reclama dores fortes em seu fígado...

Interrompendo a entidade, a mulher partiu com mais pedidos:

— Meu fígado incomoda sim, mas o que eu quero mesmo é saber quem fez feitiço para tirar meu marido de mim. Isso me incomoda muito mais!

Mirando, paciente, a pobre mulher, o preto-velho Pai João de Aruanda anunciou:

— Minha filha, é verdade que disponho aqui de um método para lhe mostrar a pessoa responsável pela sua infelicidade. Vamos fazer assim: depois que lhe mostrar, aí a atenderei com o tratamento

267

do fígado. Que acha?

— O senhor pode me mostrar, então? Jura?

— É claro, filha. Basta você se concentrar bastante. Vamos, levante-se...

Pai João conduziu a mulher para um cômodo próximo na companhia dos dois trabalhadores, que não entendiam nada do que o pai-velho pretendia. Afinal, sua atitude não era nada ortodoxa.

— Feche bem os olhos e faça uma oração, que é para você ter forças para ficar frente a frente com a pessoa que está fazendo feitiçaria contra você. E somente abra os olhos quando eu lhe indicar o momento.

Enquanto a mulher rezava um Pai-Nosso, o pai-velho a conduziu a um canto da sala.

— Respire fundo agora e prepare-se para ver a pessoa que está destruindo sua vida e seu casamento. Agora abra seus olhos.

Antes de abrir, a mulher pensava em vingar-se da pessoa que tirara seu marido. Quando abriu os olhos, viu-se refletida no espelho à sua frente.

— O que o senhor quer dizer com isso? Não entendi... — balbuciou a mulher.

— Veja por si só, minha filha. Esta é a pessoa que está fazendo feitiços contra você. Esta que está refletida no espelho é a responsável por sua infelicidade.

Concedendo um pouco de tempo para a mulher pensar, o pai-velho continuou a usar da técnica de choque que empregava na terapia daquele dia:

— Imagine se fosse você o homem na situação. Seja sincera, minha filha. Será que você se apaixonaria por isto que vê aí no espelho? Será que morreria de amores por esta figura, que reflete desleixo e falta de amor próprio, deixando os cabelos por arrumar, as roupas com evidente sinal de descaso e a pele sem o mínimo cuidado? Será que algum homem seria feliz ao lado de alguém que já perdeu o gosto por si mesma?

As ponderações do pai-velho fizeram a mulher chorar copiosamente, pois o que via no espelho era o mais puro retrato do desleixo, de alguém que não dispensava a si mesmo nenhum cuidado; que não se amava, enfim. João Cobú deixou que as lágrimas fizessem seu papel de lavar a alma daquela mulher, provocando um choque de emoções que seria muito benéfico para sua auto-estima.

— Pois é, filha. Esta aí é a responsável por seu casamento não dar certo. Esta mulher que você vê aí não lhe tirou seu marido, ela o deu de presente para outra. Agora que você conhece quem é a autora de sua infelicidade, que tal tomar algumas providências? Que tal um servicinho, um trabalho que lhe faça recuperar a vontade de viver, a estima e quem sabe até seu marido?

Enxugando as lágrimas copiosas, a mulher indagou

do pai-velho:

— Como posso reverter a situação, meu pai? Que posso fazer para recuperar meu amor?

— Primeiro, filha, você terá de aprender a se amar mais. Veja o reflexo no espelho sem sentir piedade de si mesma. Olhe o que precisa mudar. Dê um jeito no cabelo, modifique sua postura; arrume-se, mulher! — exclamou o pai-velho, enfático. — Você está viva! Precisa reagir e dar mais valor a si mesma. Quem poderá gostar de você, filha, se você estampa na própria feição o desleixo e o desgosto que sente consigo mesma?

Vendo que a mulher reagia a suas palavras, conduziu-a novamente para a maca e deixou-a sob os cuidados dos demais médiuns para os procedimentos necessários à sua saúde física. Para alguns, o remédio amargo funciona. Para outros, outros medicamentos apropriados.

O pai-velho passou a um cômodo diferente para continuar o atendimento a seus consulentes. Como sempre, Pai João fora original em seus apontamentos, sem passar a mão na cabeça de ninguém, visando acima de tudo ao aprendizado de quem o procurava. O líder espiritual daquela comunidade trabalhava conforme sua proposta espiritual, e não segundo o que as pessoas esperavam dele. Era questão de coerência, nada mais.

"Xangô morreu com seu livro de justiça, sentado numa pedra. Quem deve paga; quem merece recebe."
Cântico de pais-velhos

10
Consciência intrusa

Ela era uma mãe-de-santo — ou melhor: fizera de si mesma a orientadora de um grupo de médiuns. Não detinha nenhum preparo maior do que a leitura de uma dúzia de livros, algumas observações que fizera do comportamento humano e certo número de truques aprendidos com o objetivo de ganhar dinheiro à custa da miséria alheia e dos desafortunados. Afinal, percebera que os mais desesperados é que recorriam a milagres e promessas e que estes estavam dispostos a dar qualquer quantia para se ver livres dos problemas que os atormentavam. Era mais conhecida como Mãe Otília. Morava num sobrado imponente, mantido pelo segundo marido. O primeiro morrera de doença grave após envolver-se com elementos criminosos.

Quanto à sua mediunidade, realmente apresentava fenômenos reais, uma produção mediúnica verdadeira; todavia, sem qualquer comprometimento com a ética, o bem ou a humanidade. Os espíritos que a orientavam não se cansavam de enviar mensagens, aguardando que ela pudesse, algum dia, despertar a consciência para as responsabilidades com sua tarefa mediúnica. Porém, o dinheiro vinha em primeiro lugar.

Certo dia, uma de suas filhas-de-santo a procurou, e Otília foi logo insinuando:

— Você precisa se preparar para ser minha supervisora no terreiro. Vejo que seu futuro, Ângela, é muito promissor. Os guias disseram que devo fazer seu preparo na próxima Lua cheia.

Otília precisava de dinheiro para concluir a compra de um sítio. Seu plano era obtê-lo a partir da fé das pessoas mais chegadas.

— Você prepara um cabrito, sete frangos, e me traz,

além disso, sete velas de sete dias.

— Então serei sua supervisora aqui na tenda após a preparação?

— É isso que os guias disseram. Mas tudo tem seu tempo. Primeiro, a preparação no cemitério, com os compadres, depois com os santos, e, mais tarde, veremos o que os guias terão a dizer. Você sabe que, para ficar à frente de um trabalho como este, precisa ser preparada nas sete linhas.

— Eu sei, madrinha. Sei que nossa seita é muito séria — assim pensava e acreditava Ângela.

— Então providencie logo o material e não se esqueça de trazer o dinheiro dos compadres.

— Que dinheiro, madrinha? — indagou Ângela, surpresa, sem saber o que viria depois.

— Ora, você não sabe que temos de pagar os compadres das encruzilhadas para você ser aceita e respeitada? É uma forma de retribuição por tudo que eles têm feito em sua vida. Eu também tive de pagar, e muito, pois assim eles provaram minha fé.

— Mas como funciona isso, madrinha?

— Antes de fazer sua iniciação, você tem de provar sua fé nos compadres da esquerda. Funciona assim: traga R$7.000,00 que a gente vai na "encruza", à meia-noite, e coloca tudo num alguidar com pólvora dentro. Assim que a gente despachar, se o dinheiro pegar fogo junto com a pólvora, é sinal de que os compadres lhe aceitaram. Se não queimar, então a gente pode pegá-lo de volta e você pode desistir. Se eles aceitarem, a gente passa para a segunda etapa, que exigirá muito mais fé de sua parte; uma entrega total ao poder dos espíritos.

— Não sei como conseguir tanto dinheiro, madrinha, mas se a senhora diz que é para eu ser aceita pelo povo da "encruza", então vou ver se tomo emprestado. Quem sabe o Manoel, meu marido, me ajuda nisso?

— Pois é, filha, você sabe que eu te amo muito e tem conhecimento de como é importante para o futuro dos trabalhos. Acho que será uma futura chefe de terreiro. Vejo isso em seus olhos.

— Você acha, madrinha?

— É claro! Tenho certeza, aliás. Já olhei isso em minhas rezas e senti sua força vir ao meu encontro.

— Verei o que posso fazer a respeito, madrinha. Vou tomar emprestado um pouco do Manoel e a outra parte verei como conseguir.

— Ah! Mas não se esqueça do cabrito, das galinhas e das velas. Serão usados depois, em outro preparo.

Ângela saiu cheia de esperanças e com a fé muito mais reforçada em sua madrinha ou suposta mãe-de-santo. Ela simplesmente não fazia idéia de como conseguir tanto dinheiro, mas sabia que daria um jeito.

Mal Ângela cruzara os umbrais da porta, Otília se pôs a conversar com o marido:

— Sei que teremos o dinheiro que nos falta. Conversei com Ângela e ela acreditou que vou fazer sua preparação no cemitério. Pedi os R$7.000,00 e estou crente que ela vai conseguir. Façamos o seguinte. Lembra aquele golpe que aprendemos com Eliana?

— Claro que me lembro, mas você pretende aplicar o mesmo golpe em Ângela? Afinal, ela é mulher de um grande amigo nosso.

— Que importa? Precisamos do dinheiro, e ela o trará até nós. Pronto! Vamos testar com ela tudo que aprendemos. Vou com Ângela lá para Várzea Grande, mas você irá antes num outro carro. Assim que eu colocar o dinheiro no alguidar e cantar para os compadres, me afasto um pouco, ficando de costas para o local onde depositamos o dinheiro e a pólvora...

Assim que Ângela conseguiu o dinheiro, não se sabe como nem com quem, foi atrás da madrinha Otília, como ela e outras filhas-de-santo chamavam a mulher que as (des)orientava. À noite, as duas foram ao local previamente combinado e, para dar um ar de maior seriedade ao procedimento, Otília arrumou-se com uma capa negra sobre um vestido vermelho. Era o capeta em pessoa. Feia, de uma feiúra de dar dó, a mulher sabia fazer-se respeitar ou temer, como diriam seus seguidores.

Ângela trajava um manto azul escuro, conforme Otília exigira, e se preparavam para o ritual que pretendiam realizar. A médium proferiu palavras incompreensíveis para Ângela e cantou algumas músicas exóticas, formando um quadro estranho, tão místico e irreal parecia. Estavam próximas a algumas árvores onde pretendiam depositar o dinheiro trazido por Ângela, que, crédula ao extremo, entregou-se por completo aos excessos e às barbaridades cometidas por Otília em nome da pseudorreligião que professava.

Tão logo as duas depositaram o dinheiro, como sinônimo da fé de Ângela, afastaram-se lentamente, entoando os cânticos exóticos que, de tão exóticos, eram incompreensíveis. Algo que beirava o ridículo, não fosse a fé da mulher que se entregara ao domínio de Otília. Deram alguns passos, viraram-se de costas e colocaram-se a uma distância segura do lugar.

Ângela tinha o coração palpitante pela expectativa de ser recebida pelos compadres da encruzilhada, conforme lhe fora dito pela médium em que confiava.

Com o intuito de envolver o feito numa atmosfera o mais enigmática e misteriosa possível, Otília cobriu a cabeça com o manto negro que trazia sobre os ombros e pediu a Ângela que fizesse o mesmo. Enquanto ambas encenavam a pantomima de um ritual nada sagrado, Marcelo, o marido de Otília, aproximou-se do local onde estavam depositados os maços de notas junto com a pólvora e retirou o dinheiro de dentro do alguidar. Em seu lugar, colocou pedaços de jornal previamente rasgados e atiçou fogo à pólvora por meio de um pavio. Correu exatamente no momento em que o rastro do pavio se consumia.

Quando as duas ouviram o barulho da pólvora crepitando, Ângela, toda satisfeita, comentou com sua madrinha:

— Acho que fui aceita pelos compadres!...

— É, minha filha. Eu disse que você tinha jeito pra ser chefe de terreiro ou não disse? Vamos embora.

Sem dar tempo para Ângela fazer novos comentários, a médium perguntou:

— E os animais, as velas que lhe pedi? Você trouxe?

— Ah! Madrinha. Você nem imagina como fizemos para conseguir tudo. Sabe aquele carro velho que meu marido usava para trabalhar? Pois é, convenci Manoel a vendê-lo, e, como o dinheiro ainda era pouco, peguei o que a gente estava ajuntando na poupança para nossa filha mais velha ir à capital fazer vestibular... Deu para comprar tudinho. O cabrito será entregue ainda amanhã.

É claro que Ângela não conseguiria chegar à posição prometida de madrinha da comunidade. Ao menos, não apenas com aquele serviço. O caminho era longo e teria de aguardar até ajuntar mais algum dinheiro para a segunda obrigação, segundo explicara Otília.

— Madrinha, madrinha — chamou Vera, uma das afilhadas ou filhas-de-santo de Otília. — Tem uma mulher aí dizendo que quer falar com a senhora.

— Mande esperar, que estou fazendo um processo espiritual... Estou em contato com os guias! — gritou Otília, do segundo andar de seu sobrado, para a afilhada, que estava no térreo, atendendo alguém no portão.

— Ah! Meu Deus, que chatice dessa crioula, que fica o tempo todo no meu pé, incomodando...

— É mais um freguês, Otília — declarou o marido, de onde estava. — Quem sabe você poderá ter alguma intuição de seus guias tão bondosos?

Os dois entreolharam-se e acabaram rindo um do outro, soltando uma gargalhada maliciosa, sem que isso diminuísse a chateação de Otília por ser interrompida no "processo espiritual" em que estava altamente envolvida — com um copo de uísque na mão, que bebia junto ao parceiro.

Desceu as escadarias uma hora e meia depois, deixando a pobre mulher aguardando no sol, sem sequer deixá-la entrar.

— A senhora é a D. Otília? Disseram-me que atende

todos os dias.

— Sou eu mesma, querida. Venha! Entre e sinta-se à vontade. Eu estava em contato com os espíritos, estava rezando... Você sabe, para ter acesso ao mundo dos espíritos a gente tem que se dedicar muito. Passo muitas horas do dia em oração, só eu e os espíritos.

— Preciso da senhora com urgência. Quanto a senhora cobra para a gente saber das coisas, das mandingas que fizeram pra nós?

A mulher estava apavorada. Queria a todo custo consultar-se com Otília, que aproveitou a situação para, uma vez mais, explorar a fé ingênua de alguém em desespero.

— Bem, minha filha. Aqui não se cobra nada, apenas incentivamos as pessoas a deixar algum dinheiro para manter o serviço do santo. Você sabe: da tronqueira a velas, defumadores, banhos, bebidas etc. É muita despesa. Dessa forma, estabeleci que as pessoas que nos procuram devem deixar pelo menos...

— e mencionou uma quantia nada simbólica.

— Estou desesperada, minha mãe — principiou a mulher. — Perdi quase todo o meu investimento num negócio que faliu e hoje eu sei que tem coisa feita contra mim. Só pode ser isso. Tentei de tudo, mas nada, nada deu certo. Quero saber como fazer pra descobrir quem fez o feitiço que destruiu minha vida e a de meus filhos. Pago qualquer coisa.

— Você está disposta a saber tudo mesmo? Olha que tem gente que não está preparada para saber de certas coisas...

— Eu pago o que puder pra desmanchar o que fizeram. Até meu marido parece que está se afastando de mim. Como deixar as coisas degringolando assim, sem tentar desmanchar?

— Então seu marido já está desse jeito, afastando-se de você?

— Ele quase não conversa mais comigo! Está calado, ensimesmado. Aposto que tem outra na jogada.

— Faz isso, mulher — aproveitou Otília. — Traz pra mim um lenço branco virgem e uma rosa vermelha. Vou mostrar a você quem está fazendo feitiço contra sua vida. Me traga também um papel virgem, branco, que nunca foi usado. Compre um novinho, de preferência na sexta-feira... Ah! Uma vela também, me traga uma vela branca. Assim que você tiver tudo, me telefone e marcaremos um dia para eu lhe mostrar o que está acontecendo.

A pobre mulher, desesperada, aceitou a proposta indecorosa de Otília. Saiu à procura dos apetrechos encomendados.

Durante a semana, Otília preparou uma folha branca, onde escreveu um nome qualquer com uma vela, de modo que a parafina ficasse invisível, perceptível apenas ao tato.

Alguns dias depois, quando retornou Isabella, a mulher que viera se consultar, Otília a recebeu à noite. Pediu que ficasse quieta, sem falar nada. Pegou o material, a vela branca, acendeu-a em frente a Isabella e riscou um círculo no chão, fazendo com que a mulher se postasse dentro dele. Quanto à rosa vermelha, enrolou-a no lenço virgem e entregou-a a Isabella, que deveria permanecer com os olhos bem abertos durante o processo, para ver que Otília não estava fazendo nada errado e que ela era uma pessoa que cumpria o prometido. A rosa deveria ficar intocada em poder de Isabella ao longo de uma semana, quando deveria abrir o lenço e ver o que havia dentro.

Segurou a folha de papel que Isabella trouxera e pronunciou algumas palavras cabalísticas, enquanto a mulher crédula observava tudo. Queimou o papel com a chama da vela e esfregou o resíduo nas próprias mãos. Com as cinzas nas mãos, passou-as sobre a outra folha, previamente preparada, com a inscrição em parafina. A mulher não poderia ver nada, pois a parafina era transparente. Assim que a mão suja de Otília percorreu o papel, as cinzas aderiram à parafina, grudando nas letras escritas, invisíveis aos olhos de Isabella. E a mulher, atônita, quase não acreditava que vira um nome aparecer diante de si, grafado com as cinzas do papel queimado, como que por mágica.

— É um nome?! Que está escrito aí?

Com um ar de seriedade, circunspecta, Otília declarou, num tom de voz quase incompreensível:

— É o nome da mulher com quem seu marido está lhe traindo. Os espíritos mostraram que esta mulher é quem está fazendo o feitiço contra você.

Isabella pôs-se a chorar copiosamente. Ela sabia — aliás, já desconfiava de que houvesse algo errado. Agora, tinha certeza.

— Vou lhe dar mais uma semana — prosseguiu a feiticeira de araque. — Quando você trouxer o lenço com a rosa vermelha dentro, veremos o que esta mulher está tramando contra você.

— Mas eu quero saber agora. Tenho de saber!

— Não se apresse. Deixe aqui a vela queimando até o fim, que os espíritos vão cuidar do seu caso. Quando você trouxer o lenço (não o desenrole antes de uma semana!), então saberemos o que a maldita amante do seu marido está tramando contra você e sua família.

Nem é preciso dizer que a semana de Isabella transcorreu entre tantas dores e conflitos que mal conseguiu pronunciar algumas palavras com o marido e os filhos. A semana passava vagarosamente, enquanto ela vigiava vez ou outra o lenço, sem ter coragem para abri-lo. Por alguma razão estranha, des-

284

conhecida, parecia que aos poucos surgiam manchas vermelhas em seu exterior. Como ela já esperava alguma coisa de anormal, de ruim, sua mente arquitetou toda a trama, sem precisar que Otília fizesse muito mais.

Na sexta-feira seguinte, retornou à casa da médium inescrupulosa, quase à beira de um ataque. Otília a recebeu com um suspiro fundo. Tomou o lenço em suas mãos sem que nenhuma palavra fosse proferida por Isabella, que trazia os olhos fundos, devido às noites e noites em claro. A mulher estava dilacerada, e sua mente, fervilhando com mil idéias.

Abrindo o lenço que outrora fora branco, Otília, sem nenhum pudor, mostrou-o a Isabella:

— Veja o sangue! Estão querendo sua morte e de seus filhos.

Os soluços de Isabella foram ouvidos fora do aposento onde estavam as duas.

— Você precisa fazer um trabalho enquanto há tempo. Vamos, mulher — saiu com Isabella pela porta, ao mesmo passo em que deitava o lenço fora.

— Você precisa ser levada com urgência para fazer um descarrego. Vou ver o que posso fazer por você.

— Me ajude, pelo amor de Deus, Mãe Otília! Eu não agüento mais, minha mãe. Desfaz este feitiço, pelo amor de Deus!!

Otília ria intimamente. Ela tinha agora a pobre mulher

nas mãos. Afinal, trabalhara com as próprias crenças de Isabella. Não fizera nada mais que realçar em sua mente aquilo em que ela já acreditava e os fatos de que suspeitava. Apenas isso. Pura hipnose.

É claro que engodos dessa natureza não teriam sido eficazes com pessoas acostumadas a raciocinar, questionar ou a usar mais o intelecto e o bom senso. Entretanto, com aqueles desesperados — sempre os há —, com os desiludidos, místicos e crédulos sem limites, a forma como Otília elaborava seus planos era perfeita para envolvê-los, ganhar sua confiança e enredá-los em seus golpes.

Como os casos de Ângela e Isabella, muitos e muitos outros embustes foram patrocinados pela irresponsabilidade de Otília, que, pouco a pouco, já não sentia mais o vigor de outrora. O tempo passava, e ano após ano, década após década ela foi aproveitando-se da fé alheia. Complicou-se espiritualmente a tal ponto que o próprio marido a deixou, assim que se fartou das suas perversidades. Ela não era mais a mulher de antes. Odiada, sozinha, já não dormia como em outras épocas. Lentamente, o tempo trouxe em seus braços uma enfermidade que a medicina não pôde diagnosticar.

Otília desencarnou em situação lamentável. Sobre o leito, com o corpo em putrefação longa e dolorosa, gradativamente via a vida esvair-se, em meio a odores fétidos e ao abandono. Enquanto definhava, vozes, gritos e gemidos a atormentavam, escutados por ela nos últimos momentos, num recanto precário de um hospital público.

Despertou no mundo extrafísico em triste situação. "Miserável! Vampira! Ladra!"... Eram as palavras mais amenas que ouvia repercutirem incessantemente em sua mente. Rolava pelo solo astral sem destino, como que açoitada por um forte vendaval, que ignorava de onde partia.

Foi assim que, certo dia, aconchegou-se em alguém que vinha andando pela rua. Não sabia precisar quando se sentira tão bem na presença de quem quer que seja. Sentia-se acolhida; era um calor agradável que irradiava da aura da pessoa, a qual Otília nem conseguia ver quem era. Seus olhos ainda estavam nublados; não divisava muita coisa da paisagem extrafísica. Precisava prolongar a sensação de alívio provocada pelo ato de grudar-se àquele sujeito, fosse quem fosse. Dali não sairia.

Ouvia gargalhadas. Ela própria gargalhava, nervosa, à medida que rasgava suas roupas continuamente, feito louca, ensandecida numa roda-viva de cobranças que partiam de sua própria consciência.

Rafael passeava noutras bandas. Em seus pensamentos, um só objetivo: ser médium, ser reconhecido como médium, ser respeitado ou — quem sabe, até? — ser obedecido como médium. Há alguns anos Rafael freqüentava centros espíritas, casas de umbanda, roças de candomblé. Mas em vão. Ninguém o considerava médium. Teriam alguma coisa contra ele? Queria ver espírito, falar com espírito ou ao menos que acreditassem que ele era alguém que entra em contato com os habitantes do outro mundo. Crédulo, místico, facilmente persuadido e influenciável, usufruía sempre da companhia de uma amiga com quem conversava, trocava impressões, dizendo-se portador de mediunidade. Vez ou outra fazia algum curso de conteúdo místico, aprendera a dar passes, ministrar *reiki*, mas... nada. Não conseguia ser levado a sério, considerado sensitivo, situação a que aspirava ardentemente.

De repente, no meio da rua, sua imaginação fértil, aliada à extrema impressionabilidade, fazia com que pensasse estar vendo espíritos. Alguma emoção mais forte, fruto também de sua sensibilidade, fazia-o sentir-se possuído, quase incorporado por uma entidade do Além. A despeito de todos esses acontecimentos, em nenhum centro o aceitavam como médium. Será que estavam dificultando sua carreira mediúnica? — pensava. Ou seria tudo fruto de um desejo de chamar a atenção para si, sentir-se respeitado, causando impressão sobre os demais, destacando-se perante a comunidade em que vivia? De qualquer maneira, Rafael tinha de manter a postura de sensitivo. Sentia-se menosprezado, é verdade; não obstante, seria médium. "Custe o que custar", convencia-se.

Foi num dia desses, em que se sentia mais fragilizado em suas emoções, mais rejeitado por aqueles diante dos quais queria apresentar-se como médium, que resolveu valer-se de outros recursos: fingir que "recebia". Tinha que receber espírito de qualquer jeito! Mentalmente chamou, implorou, evocou qualquer espírito, na ânsia de ser possuído, incorporado, invadido; qualquer coisa, mas precisava "receber" de todo jeito.

Nesse estado de espírito, nessa evocação mental e emocional foi que atraiu para perto de si o espírito de Otília, aos farrapos. Em algum momento dos clamores do rapaz, ela captou o chamado, sentiu-se atraída, aconchegou-se à aura de Rafael. E teve início o rebuliço. O conteúdo emocional e as imagens da aura de Otília foram sendo absorvidos pouco a pouco por Rafael, que começou a se sentir inquieto, incomodado, muito mais rejeitado e incompreendido que antes. Ele se sentia assim, ofendido — embora não soubesse por quê. É que Otília estava imersa em seus pensamentos, imiscuída em suas reflexões, ligada intimamente a sua aura. A invasora passou a alimentar-se do rapaz, à proporção que crescia seu desejo de atuar na mediunidade de qualquer jeito, a qualquer preço. E custou caro. O preço alto quem cobrou foi Otília, desencarnada; sem escrúpulos, sem limites.

A vida de Rafael começou a se despedaçar, como se se fragmentasse toda, pois suas conquistas até ali, duramente colecionadas, começaram a se desmoronar. Seu castelo pessoal, suas emoções começaram a ser controladas pelo espírito, pela consciência intrusa.

Em curto espaço de tempo, o rapaz começou a desenvolver tiques nervosos. Agigantou-se seu desespero para ser tomado por médium e começou a fazer previsões como se houvera tido visões. A família logo ficou atenta aos sinais cada vez mais evidentes de psicose apresentados por ele. Falava sozinho, principalmente quando percebia que havia alguém observando-o. Tinha de ser considerado sensitivo, queria ser respeitado como tal. Falava aos ventos quando entrava no ônibus, na esperança de que alguém lhe perguntasse com quem dialogava. Otília sentia-se completa, embora faminta de energias, de fluidos. Ela agora manipulava a mente do rapaz, que lhe sofria a influência. Ele abordava desconhecidos, na rua, e os amigos especialmente, atestando ver vultos perto de cada um deles: espíritos de amigos, familiares. Perdera o senso de limites, o domínio de si. A família logo o internou, a fim de que recebesse tratamento psiquiátrico. Otília sentia-se mais e mais lúcida, participava dos dois lados da vida: da vida de Rafael e da própria desgraça *post-mortem*.

Levando em conta o estado grave que o acometia, a mãe de Rafael procurou a tenda de Pai João como último recurso. Foi onde encontrou um pouco de segurança, de conforto, de esperança, enfim.

— O caso é complicado, filha. Nosso menino precisa mesmo de tratamento médico; no entanto, podemos ver o que se passa em seu psiquismo, pois ele entrou numa espécie de simbiose com um espírito. O caso é para a gira dos caboclos. Vou acompanhar pessoalmente e prometo cuidar com enorme carinho do seu filho — assegurou João Cobú.

— Nem sei o que dizer, meu pai — retornou Joana, a mãe de Rafael. — Já procurei todo tipo de ajuda, inclusive uma seção de descarrego, numa igreja evangélica.

— Como seu filho está internado, você se ofereceria como elemento de ligação entre ele e nós, para que possamos auxiliá-lo?

— Faço tudo que puder pelo meu filho, meu pai. Ele está num estado deplorável, parece louco, e está sob efeito de drogas por um longo período de tempo.

— Vejamos, filha, vejamos o que se pode fazer. Enquanto isso, oremos, minha filha, rogando ao Alto os recursos da misericórdia divina.

Imediatamente, João Cobú convocou os médiuns, que se reuniram num círculo em torno da mãe que buscava socorro. Dois deles sentaram-se em poltronas confortáveis, para auxiliar, desdobrados. Assim que João Cobú sinalizou, um dos trabalhadores utilizou a técnica do pulso magnético com passes longitudinais, desligando a dupla de seus corpos. Eram eles Tobias e Djalma; este agora acompanhava o amigo em desdobramento, para o aprendizado na esfera extrafísica.

Assim que os dois médiuns deixaram o corpo, Ferreira se apresentou a ambos. Uma vez mais, o guardião acompanharia os médiuns daquele recanto de trabalho fraterno em suas investigações no plano astral.

A pedido de João Cobú, dirigiram-se ao hospital onde Rafael estava internado. Enquanto isso, a mãe do rapaz orava fervorosamente, no círculo de médiuns, que estavam vibrando, formando defesas energéticas em torno de Joana, pois ela atuava como ponte energética e emocional com o filho.

O hospital parecia ser bem assessorado por habitantes da esfera extrafísica. Assim que os sensitivos chegaram, junto com o guardião, procuraram a ajuda de um dos responsáveis pela instituição.

— Vimos a pedido de nossos orientadores a fim de auxiliar o rapaz que está no 3º andar, leito 35 — informou o guardião ao espírito que estava de plantão naquela noite.

— Sei de quem se trata — respondeu o responsável pela ala onde estava Rafael. — É um caso gravíssimo. Infelizmente, não dispomos das ferramentas para interceder em seu favor de modo mais intenso. O rapaz está sendo vampirizado por alguém que, com certeza, convive com ele em processo simbiótico. Aqui não temos condições de desligar a entidade hostil. Como se não bastasse, a mulher que vive nesta associação doentia com Rafael está também drenando fluidos de outros pacientes. Desde que o rapaz aqui chegou, os demais internos da ala onde se encontram pioraram visivelmente.

Respirando fundo, mostrando alívio pela ação da Providência, o espírito desabafou:

— Graças a Deus que vocês vieram! Precisava ser feito algo com urgência.

A entidade responsável pela guarda do local conduziu o guardião e os dois médiuns até o quarto onde Rafael se encontrava. Os enviados em desdobramento ficaram assombrados com o que viram.

Otília, completamente deformada, estava sobre o leito de outro doente como um fantasma, emitindo

293

sons incompreensíveis. Fluidos com aparência de névoa pareciam envolver o rosto da mulher vampira, que salivava sobre a cabeça de um paciente. Não obstante, permanecia ligada a Rafael por alguns fios de parca luminosidade, de tal sorte que, ao mesmo tempo em que se debruçava sobre o leito de outra pessoa, mantinha o rapaz sob seu controle emocional e mental. Rafael vivia um pesadelo mais ou menos constante. Repleto de fluidos perniciosos e malsãos, o quarto também abrigava outros espíritos de vibração inferior. Eram os comparsas e carrascos de Otília, alguns dos quais cobrando dela o tributo de sangue, as juras feitas em nome deles para suas vítimas encarnadas, e alguns, ainda, prometendo desforra, tão logo pudessem se apossar da mulher-espírito-fantasma. A cena lembrava um filme de terror. Djalma ficou algo ensimesmado com a situação, pois era a primeira vez que, desdobrado, se encontrava frente a frente com um caso envolvendo uma feiticeira e o vampirismo extrafísico.

— Tranqüilize-se, Djalma — falou Tobias para o amigo. — Ferreira sabe como lidar com esta situação. Mantenha-se em oração.

Os dois médiuns oraram juntos, mas parecia que as orações espontâneas não surtiam nenhum efeito no fantasma. Enquanto isso, Ferreira requisitou mais dois guardiões, que o auxiliaram a limpar o ambiente. As entidades que cobravam vingança contra Otília afastaram-se, temerosas, ao ver a imponência do guardião e dos demais seres que atenderam a seu chamado. Eram espíritos que traziam estampadas na roupagem fluídica a imagem de caboclos, imponentes, de cuja aura irradiavam energias de dimensões superiores. Aqueles que desejavam a desforra contra a mulher bateram em retirada, conservando-se, porém, a uma distância que julgavam segura. Um dos caboclos — Guaraci — aproximou-se de Rafael com alguns extratos fluídicos de ervas, colocando-os bem próximo a seu nariz, para que aspirasse o perfume. O rapaz adormeceu logo em seguida. No entanto, acordou na dimensão extrafísica assustado, esboçando reação de pânico ao perceber os espíritos ao seu lado.

— Socorro, socorro! — gritava o moço, desdobrado no plano astral. — São fantasmas! Pelo amor de Deus, me socorram...

Observando a reação inusitada de Rafael, Guaraci chamou a atenção do guardião:

— Curioso o modo como reage à nossa presença. Queria tanto ser médium, quando no corpo advogava o direito de ver espíritos, conversar com espíritos, mas do lado de cá, em nosso plano, morre de pânico ao nos registrar a presença.

— E isso porque ele ainda não viu Otília! — acrescentou Ferreira.

— Vamos conduzi-lo até João Cobú — tornou o caboclo. — Ele deverá receber ajuda direta através de um dos médiuns. Enquanto isso, veja o que pode fazer com relação a Otília.

A reação da mulher desencarnada não foi muito diferente da de Rafael, ao se desdobrar na dimensão astral. Ao divisar Ferreira e os dois médiuns, começou a berrar, deixando perceber a baba, uma espécie de gosma que lhe caía da boca sobre o leito onde se encontrava o paciente de quem roubava energias. Esbugalhou os olhos de tal maneira que sua aparência, que já refletia algo quase inumano, pareceu ainda mais macabra e deformada. Neste momento, aproveitando o susto da mulher vampira, Ferreira apontou para Tobias e Djalma e pediu-lhes:

— Trabalhem com as crenças dela. Rezem uma daquelas orações fortes!

— Já estamos em oração, mas não vimos nenhum efeito sobre ela.

— Embora tenha usado mal o escasso conhecimento que tinha sobre mediunidade, Otília acreditava firmemente no poder das rezas. Portanto, rezem a oração de São Jorge. É o caso de usarmos aquilo em que ela acredita. Precisam envolvê-la com a imagem que ela traz na memória espiritual.

Assim que entenderam o que o guardião queria dizer, Djalma e Tobias levantaram as mãos espalmadas em direção a Otília, que a esta altura se mostrava completamente tresloucada, correndo de um lado para outro no quarto. A dupla rezou:

— Chagas abertas, sagrado coração, todo amor e bondade. O sangue do meu Senhor Jesus Cristo no corpo meu se derrame hoje e sempre. Andarei vestido e armado com as armas de Jorge. Para que meus inimigos, tendo pés, não me alcancem; mãos tendo, não me peguem; olhos tendo, não me vejam e nem pensamentos eles possam ter para me fazerem mal. Armas de fogo o meu corpo não alcançarão; facas e lanças se quebrem sem o meu corpo tocar; cordas e correntes se arrebentem sem o meu corpo amarrar.

À medida que rezavam e pronunciavam cada termo vigorosamente, mentalizando cada palavra e seu significado ou simbolismo, o gesto surtia efeito sobre o espírito dementado. Otília parou, de repente, gritando, espumando:

— Eu conheço essa reza, eu conheço...

Começou a rodar em torno de si mesma, como se fosse um peão. Girava cada vez mais rápido, roncando, grasnando como louca. Ao passo que rodopiava, vomitava e expelia fluidos nauseabundos, e estes se transformavam em fios que se enroscavam, envolvendo seu corpo espiritual. Ao cabo de alguns minutos, ela parecia uma múmia, envolta numa matéria do plano extrafísico que se assemelhava a cordões, alguns até lembravam panos velhos, rasgados, rotos, que impediam qualquer movimento da parte dela. Caiu ao chão do hospital como um casulo, através do qual só se percebiam os sons incompreensíveis que pronunciava, até calar-se por completo, imóvel.

— Ela é nossa! — irrompeu a voz de um espírito que adentrou o ambiente. Alto, esguio, portando-se com extrema elegância, porém com uma tez sombria, olhos fundos e negros.

Os dois médiuns miraram o ser diferente, estranho, que inspirava, contudo, certo respeito. Ferreira já conhecia o representante de determinada falange de espíritos reconhecida e temida nas regiões inferiores:

— Você vem em nome de quem, e o que o traz aqui? — indagou o guardião.

— Estávamos observando esta mulher há muito tempo. Somos os representantes da justiça no mundo. Sou um dos juristas e advogo em favor daqueles que foram enganados e cujos nomes foram usados por esta mulher para defraudar, roubar e mentir durante a maior parte de sua existência. Ela se serviu de nomes que merecem veneração, não respeitou os fundamentos sagrados dos seres que trabalham na subcrosta; em suma: subornou, mentiu, enganou. Ela deve ser levada aos tribunais do submundo para responder pelos seus atos.

— Mas ela própria se condenou. Veja o estado em que imergiu. Sua consciência a julgou e agora se encontra em animação suspensa, prisioneira dos próprios pesadelos que criou para si mesma — asseverou Ferreira.

— Isso não a isenta de ser julgada pelo tribunal da inquisição do mundo inferior. De forma alguma ela escapará de enfrentar a justiça.

— Mas ela está sob nossa guarda; ela colocou-se sob a nossa proteção. Como você pretende subtraí-la de nossa influência?

— Engana-se, guardião. Sei do seu trabalho e respeito os fundamentos de seus superiores, assim como eles respeitam os nossos. Mas aqui não é você nem eu quem decidimos. Ela própria arbitrou seu futuro quando enveredou pelo caminho do engano, da fraude e da mistificação. Há pouco, quando se entregou à culpa e envolveu-se nos fluidos perniciosos de seus próprios delitos, fechando-se no casulo de autopunições, já se declarou culpada, e perante a justiça e seus emissários ela deve comparecer. Terá de prestar contas, explicar-se, apresentar suas credenciais e responder pelos seus atos.

Ferreira fechou os olhos, tentando tatear a mente

da mulher, auscultando seu interior, trancafiado no casulo de fluidos grosseiros.

— Veja, guardião, que a mente da vampira está fechada a qualquer ajuda de sua parte. Não há como levá-la para a sua dimensão. A culpa a colocou em nossas mãos. Mas não se preocupe, pois somos apenas juízes, e não algozes. Queremos apenas que ela meça a dimensão real de seus atos, que sinta o tamanho dos crimes que cometeu. No mais, não impingiremos nenhum castigo além daquele que ela forja para si mesma.

Enquanto o guardião sondava o interior de Otília, tentando obter algum dado a respeito de sua situação interna, ouvia, na intimidade, a voz de João Cobú a instruí-lo:

— Vá com ele, meu filho. Vá e fique perto de Otília. Não a deixe sozinha. Não podemos violentar a realidade espiritual dela, é verdade, uma vez que ainda não nos pediu ajuda. Porém, quando despertar, devemos estar a postos, junto dela.

Abrindo os olhos, Ferreira disse para o jurista:

— Que assim seja. Não posso mesmo interferir no livre-arbítrio de Otília. Ela fechou-se por completo na culpa e na punição. Tenho uma condição, contudo.

— Fale, guardião, sentinela da misericórdia — pronunciou o espírito.

— Recebi ordens de meu superior para acompanhar Otília até o seu tribunal. Quero conhecer sua estrutura, seus métodos e ficar por perto, caso este espírito necessite de socorro.

Esboçando um sorriso na face até então sisuda, o espírito do jurista falou:

— A misericórdia divina... Sempre ela. Ao passo que represento a justiça dos poderosos, você e seus superiores querem intervir para arrebatar a ré de seu destino inevitável.

— Absolutamente. Não vou interferir em seu julgamento, mas quero estar por perto.

— Enfim, não confia em nós, é isso que quer dizer. Pois bem, concordo com sua condição. Venha.

Falando assim, suspendeu o casulo no qual se envolvera o espírito vampiro e saiu arrastando-o, seguido do guardião.

Tobias e Djalma, sem entender muito bem o que se passava — incluindo o porquê de a mulher haver se envolvido naquele casulo de fluidos após a reza que fizeram —, saíram em direção à casa de oração onde se encontrava João Cobú com os demais médiuns e Rafael desdobrado. No trajeto, ouviram o pensamento de Ferreira dentro de sua mente, como num contato de telepatia:

— Fiquem calmos. Pai João está coordenando tudo, e ele lhes dará as explicações. Voltem tranqüilos e orem por mim.

Quando os médiuns em projeção extrafísica entraram no ambiente da casa de caridade onde o pai-velho atendia, Rafael desdobrado estava incorporado num dos médiuns, chorando muito. Sua mãe fora recolhida a outro cômodo, a fim de que não interferisse emocionalmente no processo. Rafael recebia o choque anímico através de uma incorporação parcial num dos médiuns da tenda de Pai João.

— Não estranhem, meus filhos — falou o pai-velho.

— Sei que vocês não estão acostumados a esse tipo de trabalho. O que acontece aqui é mais conhecido como *comunicação entre vivos*, ou seja, acoplamos a um dos nossos médiuns o espírito de alguém que está desdobrado, sendo ainda detentor de corpo físico. Através desse tipo de atendimento, em que lidamos com o conteúdo anímico do sujeito, acessamos as matrizes da memória espiritual de Rafael. Temos, assim, condições de agir mais intensamente em seus conteúdos traumáticos e extratos de outras vidas, conseqüentemente trabalhando por seu reequilíbrio.

Enquanto observavam o fenômeno a partir da esfera extrafísica, os dois médiuns questionaram o pai-velho:

— E como ficará este caso, Pai João? Parece que Otília foi levada para um tipo de tribunal de justiça das regiões inferiores...

— Não se preocupem, filhos. Otília só está respondendo à sua própria consciência pelos males que fez no corpo e fora dele. Nosso guardião ficará a postos a fim de socorrê-la, tão logo ela desperte e peça ajuda. Quanto a Rafael, alcançará relativa melhora; no entanto, precisará de acompanhamento com um bom terapeuta, a fim de educar emoções e pensamentos. Depende dele, a partir de hoje, encurtar o tempo de sua melhora. O que pudemos fazer, fizemos. Sem que ele queira, não podemos interferir mais. Não há como ajudar quem não pede nem quer ajuda. Façamos a nossa parte e confiemos em Deus, aprendendo a maior lição que a mediunidade traz para todos nós: com coisa séria não se brinca. Mediunidade é coisa santa, e temos de vivê-la santamente.

Pai João encerrou os atendimentos naquela noite, mas muitas outras noites e outros dias se seguiram, nos quais o espírito que trazia a vestimenta do pai-velho expressava seu conhecimento para aqueles que queriam aprender.

Quem tem olhos de ver, que veja. Quem tem ouvidos de ouvir, que ouça.

Transcenda-se. Para o catálogo completo, acesse www.casadosespiritos.com

TAMBORES DE ANGOLA | *Coleção Segredos de Aruanda, vol. 1*
EDIÇÃO REVISTA E AMPLIADA | A ORIGEM HISTÓRICA DA UMBANDA E DO
ESPIRITISMO | ROBSON PINHEIRO *pelo espírito Ângelo Inácio*

O trabalho redentor dos espíritos – índios, negros, soldados, médicos – e de médiuns que enfrentam o mal com determinação e coragem. Nesta edição revista e ampliada, 17 anos e quase 200 mil exemplares depois, Ângelo Inácio revela os desdobramentos dessa história em três capítulos inéditos, que guardam novas surpresas àqueles que se deixaram tocar pelas curimbas e pelos cânticos dos pais-velhos e dos caboclos.

ISBN: 978-85-99818-36-7 • ROMANCE MEDIÚNICO • 2015 • 256 PÁGS. • BROCHURA • 16 X 23CM

ARUANDA | *Coleção Segredos de Aruanda, vol. 2*
UM ROMANCE ESPÍRITA SOBRE PAIS-VELHOS, ELEMENTAIS E CABOCLOS
ROBSON PINHEIRO *pelo espírito Ângelo Inácio*

Por que as figuras do negro e do indígena – pretos-velhos e caboclos –, tão presentes na história brasileira, incitam controvérsia no meio espírita e espiritualista? Compreenda os acontecimentos que deram origem à umbanda, sob a ótica espírita. Conheça a jornada de espíritos superiores para mostrar, acima de tudo, que há uma só bandeira: a do amor e da fraternidade.

ISBN: 978-85-99818-11-4 • ROMANCE MEDIÚNICO • 2004 • 245 PÁGS. • BROCHURA • 16 X 23CM

CORPO FECHADO | *Coleção Segredos de Aruanda, vol. 3*
ROBSON PINHEIRO *pelo espírito W. Voltz, orientado pelo espírito Ângelo Inácio*

Reza forte, espada-de-são-jorge, mandingas e patuás. Onde está a linha divisória entre verdade e fantasia? Campos de força determinam a segurança energética. Ou será a postura íntima? Diante de tantas indagações, crenças e superstições, o espírito Pai João devassa o universo interior dos filhos que o procuram, apresentando casos que mostram incoerências na busca por proteção espiritual.

ISBN: 978-85-87781-34-5 • ROMANCE MEDIÚNICO • 2009 • 303 PÁGS. • BROCHURA • 16 X 23CM

LEGIÃO 1 *Trilogia O Reino das Sombras, vol. 1*
UM OLHAR SOBRE O REINO DAS SOMBRAS
ROBSON PINHEIRO *pelo espírito Ângelo Inácio*

Veja de perto as atividades dos representantes das trevas, visitando as regiões subcrustais na companhia do autor espiritual. Sob o comando dos dragões, espíritos milenares e voltados para o mal, magos negros desenvolvem sua atividade febril, organizando investidas contra as obras da humanidade. Saiba como os enfrentam esses e outros personagens reais e ativos no mundo astral.

ISBN: 978-85-99818-19-0 • ROMANCE MEDIÚNICO • 2006 • 502 PÁGS. • BROCHURA • 14 X 21CM

SENHORES DA ESCURIDÃO | *Trilogia O Reino das Sombras, vol. 2*
ROBSON PINHEIRO *pelo espírito Ângelo Inácio*

Das profundezas extrafísicas, surge um sistema de vida que se opõe às obras da civilização e à política do Cordeiro. Cientistas das sombras querem promover o caos social e ecológico para, em meio às guerras e à poluição, criar condições de os senhores da escuridão emergirem da subcrosta e conduzirem o destino das nações. Os guardiões têm de impedi-los, mas não sem antes investigar sua estratégia.

ISBN: 978-85-87781-31-4 • ROMANCE MEDIÚNICO • 2008 • 676 PÁGS. • BROCHURA • 14 X 21CM

A MARCA DA BESTA | *Trilogia O Reino das Sombras, vol. 3*
ROBSON PINHEIRO *pelo espírito Ângelo Inácio*

Se você tem coragem, olhe ao redor: chegaram os tempos do fim. Não o famigerado fim do mundo, mas o fim de um tempo – para os dragões, para o império da maldade. E o início de outro, para construir a fraternidade e a ética. Um romance, um testemunho de fé, que revela a força dos guardiões, emissários do Cordeiro que detêm a propagação do mal. Quer se juntar a esse exército? A batalha já começou.

ISBN: 978-85-99818-08-4 • ROMANCE MEDIÚNICO • 2010 • 640 PÁGS. • BROCHURA • 14 X 21CM

ALÉM DA MATÉRIA
UMA PONTE ENTRE CIÊNCIA E ESPIRITUALIDADE
ROBSON PINHEIRO *pelo espírito Joseph Gleber*

Exercitar a mente, alimentar a alma. *Além da matéria* é uma obra que une o conhecimento espírita à ciência contemporânea. Um tratado sobre a influência dos estados energéticos em seu bem-estar, que lhe trará maior entendimento sobre sua própria saúde. Físico nuclear e médico que viveu na Alemanha, o espírito Joseph Gleber apresenta mais uma fonte de autoconhecimento e reflexão.

ISBN: 978-85-99818-13-8 • SAÚDE E MEDIUNIDADE • 2003/2011 • 320 PÁGS. • BROCHURA • 16 X 23CM

MEDICINA DA ALMA
SAÚDE E MEDICINA NA VISÃO ESPÍRITA
ROBSON PINHEIRO *pelo espírito Joseph Gleber*

Com a experiência de quem foi físico nuclear e médico, o espírito Joseph Gleber, desencarnado no Holocausto e hoje atuante no espiritismo brasileiro, disserta sobre a saúde segundo o paradigma holístico, enfocando o ser humano na sua integralidade. Edição revista e ampliada, totalmente em cores, com ilustrações inéditas, em comemoração aos 150 anos do espiritismo [1857-2007].

ISBN: 978-85-87781-25-3 • SAÚDE E MEDIUNIDADE • 1997 • 254 PÁGS. • CAPA DURA E EM CORES • 17 X 24CM

A ALMA DA MEDICINA
ROBSON PINHEIRO *pelo espírito Joseph Gleber*

Com a autoridade de um físico nuclear que resolve aprender medicina apenas para se dedicar ao cuidado voluntário dos judeus pobres na Alemanha do conturbado período entre guerras, o espírito Joseph Gleber não deixa espaço para acomodação. Saúde e doença, vida e morte, compreensão e exigência, sensibilidade e firmeza são experiências humanas cujo significado clama por revisão.

ISBN: 978-85-99818-32-9 • SAÚDE E MEDIUNIDADE • 2014 • 416 PÁGS. • BROCHURA • 16 X 23CM

Consciência
Em mediunidade, você precisa saber o que está fazendo
Robson Pinheiro *pelo espírito Joseph Gleber*

Já pensou entrevistar um espírito a fim de saciar a sede de conhecimento sobre mediunidade? Nós pensamos. Mais do que saciar, Joseph Gleber instiga ao tratar de materialização, corpo mental, obsessões complexas e apometria, além de animismo – a influência da alma do médium na comunicação –, que é dos grandes tabus da atualidade.

ISBN: 978-85-99818-06-0 • SAÚDE E MEDIUNIDADE • 2007 • 288 PÁGS. • BROCHURA • 16 X 23CM

Energia
Novas dimensões da bioenergética humana
Robson Pinheiro *sob orientação dos espíritos Joseph Gleber, André Luiz e José Grosso*

Numa linguagem clara e direta, o médium Robson Pinheiro faz uso de sua experiência de mais de 25 anos como terapeuta holístico para ampliar a visão acerca da saúde plena, necessariamente associada ao conhecimento da realidade energética. Anexo com exercícios práticos de revitalização energética, ilustrados passo a passo.

ISBN: 978-85-99818-02-2 • SAÚDE E MEDIUNIDADE • 2008 • 238 PÁGS. • BROCHURA • 16 X 23CM

Apocalipse
Uma interpretação espírita das profecias
Robson Pinheiro *pelo espírito Estêvão*

O livro profético como você nunca viu. O significado das profecias contidas no livro mais temido e incompreendido do Novo Testamento, analisado de acordo com a ótica otimista que as lentes da doutrina espírita proporcionam. O autor desconstrói as imagens atemorizantes das metáforas bíblicas e as decodifica.

ISBN: 978-85-87781-16-1 • JESUS E O EVANGELHO • 1997 • 272 PÁGS. • BROCHURA • 16 X 23CM

A FORÇA ETERNA DO AMOR
ROBSON PINHEIRO *pelo espírito Teresa de Calcutá*

"O senhor não daria banho em um leproso nem por um milhão de dólares? Eu também não. Só por amor se pode dar banho em um leproso". Cidadã do mundo, grande missionária, Nobel da Paz, figura inspiradora e controvertida. Desconcertante, veraz, emocionante: esta é Teresa. Se você a conhece, vai gostar de saber o que pensa; se ainda não, prepare-se, pois vai se apaixonar. Pela vida.

ISBN: 978-85-87781-38-3 • AUTOCONHECIMENTO • 2009 • 318 PÁGS. • BROCHURA • 16 X 23CM

PELAS RUAS DE CALCUTÁ
ROBSON PINHEIRO *pelo espírito Teresa de Calcutá*

"Não são palavras delicadas nem, tampouco, a repetição daquilo que você deseja ouvir. Falo para incomodar". E é assim, presumindo inteligência no leitor, mas também acomodação, que Teresa retoma o jeito contundente e controvertido e não poupa a prática cristã de ninguém, nem a dela. Duvido que você possa terminar a leitura de *Pelas ruas de Calcutá* e permanecer o mesmo.

ISBN: 978-85-99818-23-7 • AUTOCONHECIMENTO • 2012 • 368 PÁGS. • BROCHURA • 16 X 23CM

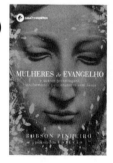

MULHERES DO EVANGELHO
E OUTROS PERSONAGENS TRANSFORMADOS PELO ENCONTRO COM JESUS
ROBSON PINHEIRO *pelo espírito Estêvão*

A saga daqueles que tiveram suas vidas transformadas pelo encontro com Jesus, contadas por quem viveu na Judeia dos tempos do Mestre. O espírito Estêvão revela detalhes de diversas histórias do Evangelho, narrando o antes, o depois e o que mais o texto bíblico omitiu a respeito da vida de personagens que cruzaram os caminhos do Rabi da Galileia.

ISBN: 978-85-87781-17-8 • JESUS E O EVANGELHO • 2005 • 208 PÁGS. • BROCHURA • 14 X 21CM

O PRÓXIMO MINUTO
ROBSON PINHEIRO *pelo espírito Ângelo Inácio*

Um grito em favor da liberdade, um convite a rever valores, a assumir um ponto de vista diferente, sem preconceitos nem imposições, sobretudo em matéria de sexualidade. Este é um livro dirigido a todos os gêneros. Principalmente àqueles que estão preparados para ver espiritualidade em todo comportamento humano. É um livro escrito com coração, sensibilidade, respeito e cor. Com todas as cores do arco-íris.

ISBN: 978-85-99818-24-4 • ROMANCE MEDIÚNICO • 2012 • 473 PÁGS. • BROCHURA • 16 X 23CM

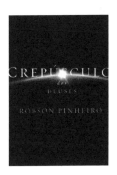

CREPÚSCULO DOS DEUSES
UM ROMANCE HISTÓRICO SOBRE A VINDA
DOS HABITANTES DE CAPELA PARA A TERRA
ROBSON PINHEIRO *pelo espírito Ângelo Inácio*

Extraterrestres em visita à Terra e a vida dos habitantes de Capela ontem e hoje. A origem dos dragões – espíritos milenares devotados ao mal –, que guarda ligação com acontecimentos que se perdem na eternidade. Um romance histórico que mistura cia, fbi, ações terroristas e lhe coloca frente a frente com o iminente êxodo planetário: o juízo já começou.

ISBN: 978-85-99818-09-1 • ROMANCE MEDIÚNICO • 2002 • 403 PÁGS. • BROCHURA • 16 X 23CM

MAGOS NEGROS
MAGIA E FEITIÇARIA SOB A ÓTICA ESPÍRITA
ROBSON PINHEIRO *pelo espírito Pai João de Aruanda*

O Evangelho conta que Jesus amaldiçoou uma figueira, que dias depois secou até a raiz. Por qual razão a personificação do amor teria feito isso? Você acredita em feitiçaria? – eis a pergunta comum. Mas será a pergunta certa? Pai João de Aruanda, pai-velho, ex-escravo e líder de terreiro, desvenda os mistérios da feitiçaria e da magia negra, do ponto de vista espírita.

ISBN: 978-85-99818-10-7 • AUTOCONHECIMENTO • 2011 • 394 PÁGS. • CAPA DURA • 16 X 23CM

Negro
ROBSON PINHEIRO *pelo espírito Pai João de Aruanda*

A mesma palavra para duas realidades diferentes. Negro. De um lado, a escuridão, a negação da luz e até o estigma racial. De outro, o gingado, o saber de um povo, a riqueza de uma cultura e a história de uma gente. Em Pai João, a sabedoria é negra, porque nascida do cativeiro; a alma é negra, porque humana – mistura de bem e mal. As palavras e as lições de um negro-velho, em branco e preto.

ISBN: 978-85-99818-14-5 • AUTOCONHECIMENTO • 2011 • 256 PÁGS. • CAPA DURA • 16 X 23CM

Sabedoria de preto-velho
REFLEXÕES PARA A LIBERTAÇÃO DA CONSCIÊNCIA
ROBSON PINHEIRO *pelo espírito Pai João de Aruanda*

Ainda se escutam os tambores ecoando em sua alma; ainda se notam as marcas das correntes em seus punhos. Sinais de sabedoria de quem soube aproveitar as lições do cativeiro e elevar-se nas asas da fé e da esperança. Pensamentos, estórias, cantigas e conselhos na palavra simples de um pai-velho. Experimente sabedoria, experimente Pai João de Aruanda.

ISBN: 978-85-99818-05-3 • AUTOCONHECIMENTO • 2003 • 187 PÁGS. • BROCHURA COM ACABAMENTO EM ACETATO • 16 X 23CM

Pai João
LIBERTAÇÃO DO CATIVEIRO DA ALMA
ROBSON PINHEIRO *pelo espírito Pai João de Aruanda*

Estamos preparados para abraçar o diferente? Qual a sua disposição real para escolher a companhia daquele que não comunga os mesmos ideais que você e com ele desenvolver uma relação proveitosa e pacífica? Se sente a necessidade de empreender tais mudanças, matricule-se na escola de Pai João. E venha aprender a verdadeira fraternidade. Dão o que pensar as palavras simples de um preto-velho.

ISBN: 978-85-87781-37-6 • AUTOCONHECIMENTO • 2005 • 256 PÁGS. • BROCHURA COM CAIXA • 16 X 23CM

Quietude
Robson Pinheiro *pelo espírito Alex Zarthú*

Faça as pazes com as próprias emoções.
Com essa proposta ao mesmo tempo tão singela e tão abrangente, Zarthú convida à quietude. Lutar com os fantasmas da alma não é tarefa simples, mas as armas a que nos orienta a recorrer são eficazes. Que tal fazer as pazes com a luta e aquietar-se?

ISBN: 978-85-99818-31-2 • AUTOCONHECIMENTO • 2014 • 192 PÁGS. • CAPA FLEXÍVEL • 17 x 24CM

Serenidade
Robson Pinheiro *pelo espírito Alex Zarthú*

Já se disse que a elevação de um espírito se percebe no pouco que fala e no quanto diz. Se é assim, Zarthú é capaz de pôr em xeque nossa visão de mundo sem confrontá-la; consegue despertar a reflexão e a mudança em poucos e leves parágrafos, em uma ou duas páginas. Venha conquistar a serenidade.

ISBN: 978-85-99818-27-5 • AUTOCONHECIMENTO • 1999/2013 • 176 PÁGS. • BROCHURA • 17 x 24CM

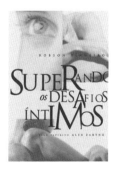

Superando os desafios íntimos
A necessidade de transformação interior
Robson Pinheiro *pelo espírito Alex Zarthú*

No corre-corre das cidades, a angústia e a ansiedade tornaram-se tão comuns que parecem normais, como se fossem parte da vida humana na era da informação; quem sabe um preço a pagar pelas comodidades que os antigos não tinham? A serenidade e o equilíbrio das emoções são artigos de luxo, que pertencem ao passado. Essa é a realidade que temos de engolir? É hora de superar desafios íntimos.

ISBN: 978-85-87781-24-6 • AUTOCONHECIMENTO • 2000 • 200 PÁGS. • BROCHURA COM SOBRECAPA EM PAPEL VEGETAL COLORIDO • 14 X 21CM

CIDADE DOS ESPÍRITOS | *Trilogia Os Filhos da Luz, vol. 1*
ROBSON PINHEIRO *pelo espírito Ângelo Inácio*

Onde habitam os Imortais, em que mundo vivem os guardiões da humanidade? É um sonho? Uma miragem? Não! É Aruanda, a cidade dos espíritos, onde orientadores evolutivos do mundo vivem, trabalham e, de lá, partem para amparar, socorrer, influenciando os destinos dos homens muito mais do que estes imaginam.

ISBN: 978-85-99818-25-1 • ROMANCE MEDIÚNICO • 2013 • 460 PÁGS. • BROCHURA • 16 X 23CM

OS GUARDIÕES | *Trilogia Os Filhos da Luz, vol. 2*
ROBSON PINHEIRO *pelo espírito Ângelo Inácio*

Se a justiça é a força que impede a propagação do mal, há de ter seus agentes. Quem são os guardiões? A quem é confiada a responsabilidade de representar a ordem e a disciplina, de batalhar pela paz? Cidades espirituais tornam-se escolas que preparam cidadãos espirituais. Os umbrais se esvaziam; decretou-se o fim da escuridão. E você, como porá em prática sua convicção em dias melhores?

ISBN: 978-85-99818-28-2 • ROMANCE MEDIÚNICO • 2013 • 474 PÁGS. • BROCHURA • 16 X 23CM

OS IMORTAIS | *Trilogia Os Filhos da Luz, vol. 3*
ROBSON PINHEIRO *pelo espírito Ângelo Inácio*

Os espíritos nada mais são que as almas dos homens que já morreram. Os Imortais ou espíritos superiores também já tiveram seus dias sobre a Terra, e a maioria deles ainda os terá. Portanto, são como irmãos mais-velhos, gente mais experiente, que desenvolveu mais sabedoria, sem deixar, por isso, de ser humana. Por que haveria, então, entre os espiritualistas tanta dificuldade em admitir esse lado humano? Por que a insistência em ver tais espíritos apenas como seres de luz, intocáveis, venerandos, angélicos, até, completamente descolados da realidade humana?

ISBN: 978-85-99818-29-9 • ROMANCE MEDIÚNICO • 2013 • 443 PÁGS. • BROCHURA • 16 X 23CM

O FIM DA ESCURIDÃO | *Série Crônicas da Terra, vol.1*
REURBANIZAÇÕES EXTRAFÍSICAS
ROBSON PINHEIRO *pelo espírito Ângelo Inácio*

Os espíritos milenares que se opõem à política divina do Cordeiro – do *amai-vos uns aos outros* – enfrentam neste exato momento o fim de seu tempo na Terra. É o sinal de que o juízo se aproxima, com o desterro daquelas almas que não querem trabalhar por um mundo baseado na ética, no respeito e na fraternidade.

ISBN: 978-85-99818-21-3 • ROMANCE MEDIÚNICO • 2012 • 400 PÁGS. • BROCHURA • 16 X 23CM

OS NEPHILINS | *Série Crônicas da Terra, vol.2*
A ORIGEM DOS DRAGÕES
ROBSON PINHEIRO *pelo espírito Ângelo Inácio*

Receberam os humanoides a contribuição de astronautas exilados em nossa mocidade planetária, como alegam alguns pesquisadores? Podem não ser Enki e Enlil apenas deuses sumérios, mas personagens históricos? Desse universo em que fatalmente se entrelaçam ficção e realidade, mito e fantasia, ciência e filosofia, emerge uma história que mergulha nos grandes mistérios.

ISBN: 978-85-99818-34-3 • ROMANCE MEDIÚNICO • 2014 • 480 PÁGS. • BROCHURA • 16 X 23CM

O AGÊNERE | *Série Crônicas da Terra, vol.3*
ROBSON PINHEIRO *pelo espírito Ângelo Inácio*

Há uma grande batalha em curso. Sabemos que não será sem esforço o parto da nova Terra, da humanidade mais ciente de suas responsabilidades, da bíblica Jerusalém. A grande pergunta: com quantos soldados e guardiões do eterno bem podem contar os espíritos do Senhor, que defendem os valores e as obras da civilização?

ISBN: 978-85-99818-35-0 • ROMANCE MEDIÚNICO • 2015 • 384 PÁGS. • BROCHURA • 16 X 23CM

Os abduzidos | *Série Crônicas da Terra, vol. 4*
Robson Pinheiro *pelo espírito Ângelo Inácio*

A vida extraterrestre provoca um misto de fascínio e temor. Sugere explicações a avanços impressionantes, mas também é fonte de ameaças concretas. Em paralelo, Jesus e a abdução de seus emissários próximos, todos concorrendo para criar uma só civilização: a humanidade.

ISBN: 978-85-99818-37-4 • ROMANCE MEDIÚNICO • 2015 • 464 PÁGS. • BROCHURA • 16 X 23CM

Você com você
Marcos Leão *pelo espírito Calunga*

Palavras dinâmicas, que orientam sem pressionar, que incitam à mudança sem engessar nem condenar, que iluminam sem cegar. Deixam o gosto de uma boa conversa entre amigos, um bate-papo recheado de humor e cheiro de coisa nova no ar. Calunga é sinônimo de irreverência, originalidade e descontração.

ISBN: 978-85-99818-20-6 • AUTOAJUDA • 2011 • 176 PÁGS. • CAPA FLEXÍVEL • 16 X 23CM

Trilogia O reino das sombras | *Edição definitiva*
Robson Pinheiro *pelo espírito Ângelo Inácio*

As sombras exercem certo fascínio, retratado no universo da ficção pela beleza e juventude eterna dos vampiros, por exemplo. Mas e na vida real? Conheça a saga dos guardiões, agentes da justiça que representam a administração planetária. Edição de luxo acondicionada em lata especial. Acompanha entrevista com Robson Pinheiro, em cd inédito, sobre a trilogia que já vendeu 200 mil exemplares.

ISBN: 978-85-99818-15-2 • ROMANCE MEDIÚNICO • 2011 • LATA COM *LEGIÃO, SENHORES DA ESCURIDÃO, A MARCA DA BESTA* E CD CONTENDO ENTREVISTA COM O AUTOR

Responsabilidade Social

A Casa dos Espíritos nasceu, na verdade, como um braço da Sociedade Espírita Everilda Batista, instituição beneficente situada em Contagem, MG. Alicerçada nos fundamentos da doutrina espírita, expostos nos livros de Allan Kardec, a Casa de Everilda sempre teve seu foco na divulgação das ideias espíritas, apresentando-as como caminho para libertar a consciência e promover o ser humano. Romper preconceitos e tabus, renovando e transformando a visão da vida: eis a missão que a cumpre com cursos de estudo do espiritismo, palestras, tratamentos espirituais e diversas atividades, todas gratuitas e voltadas para o amparo da comunidade. Eis também os princípios que definem a linha editorial da Casa dos Espíritos. É por isso que, para nós, responsabilidade social não é uma iniciativa isolada, mas um compromisso crucial, que está no DNA da empresa. Hoje, ambas instituições integram, juntamente com a Clínica Holística Joseph Gleber e a Aruanda de Pai João, o projeto denominado Universidade do Espírito de Minas Gerais — UniSpiritus —, voltado para a educação em bases espirituais [*www.everildabatista.org.br*].

Quem enfrentará o mal
a fim de que a justiça prevaleça?
Os guardiões superiores
estão recrutando agentes.

Colegiado de Guardiões da Humanidade
por Robson Pinheiro

Fundado pelo médium, terapeuta e escritor espírita Robson Pinheiro no ano de 2011, o Colegiado de Guardiões da Humanidade é uma iniciativa do espírito Jamar, guardião planetário.

Com grupos atuantes em mais de 10 países, o Colegiado é uma instituição sem fins lucrativos, de caráter humanitário e sem vínculo político ou religioso, cujo objetivo é formar agentes capazes de colaborar com os espíritos que zelam pela justiça em nível planetário, tendo em vista a reurbanização extrafísica por que passa a Terra.

Conheça o Colegiado de Guardiões da Humanidade. Se quer servir mais e melhor à justiça, venha estudar e se preparar conosco.

Paz, justiça e fraternidade

www.guardioesdahumanidade.org

m as armas de J

, não me alcan

endo, não me ve

r para me faz

o alcançarão; fac

ocar; cordas e co

amarrar. (...) D

de poder, seja n

guições dos meu

scudo e as suas

ido e armado c
imigos, tendo p
e peguem; olhos
 eles possam
o o meu corpo
em o meu corpo
sem o meu cor
isericórdia e gra
maldades e pers
ne estenda o se